築古アパート

**築29年の物件が満室になるまでの
半年間に何が起こったのか?!
その軌跡を写真で追う**

“復活”の物語

どこにでもあるような空室の目立つ古いアパートを購入したFさん。
当たり前のように数年後には
建て替えることを考えていました。
しかし、適切な対策を施せば建物は長く活用し、
古くても満室にすることが可能です。
これは、それを実感したFさんが建て替えから長期活用へ、
大きく気持ちが変化した物語です。

Prologue プロローグ

再生のパートナーと出会い 満室化へ着手

オーナーのFさんは、投資用として築29年のアパートを購入。当初は、乱雑で汚れた第一印象の外観から「お金をかけたリノベーションより、10年以内に建て替えよう」と考えていました。まずは管理を市萬に変更し、再スタートを切りました。

- 所在地：東京都調布市　京王線沿線　駅徒歩２分
- 築年月：1992年12月
- 構造・規模：木造２階建て・16戸
- 間取り：ワンルーム＋ロフト、17㎡
- 賃料：48,000円＋共益費2,000円

満室化への道のり

古くなった印象を改善して
入居者さんがかえってきて
ほっとできる
アパートにしたいです

オーナー
Fさん

START

2020年12月
管理会社を当社に変更
この時、空室３戸／16戸

▼

2020年12月
市萬の現地調査 ……… 第１章

▼

1階住戸で
新たに退去発生
空室４戸／16戸

2021年1月
改善プラン提案
実施内容決定

▼

空室の募集開始

2021年2月
改修工事スタート
共用部 ……… 第２章
居室 ……… 第３章

▼

工事中に
空室４戸中
3戸入居決定

2021年3月
改修工事完了

▼

2021年5月
1階空室に入居申込、ついに満室！……… 第４章

▼

GOAL

当社
オーナー担当

当社
工事担当

問題を抱えた物件を満室へ導くだけでなく、建物活用による長期安定経営をサポートする専門家。

第1章

現地調査

再生の第一歩は現状把握から

プロの視点で建物の現状や劣化具合をチェックすると、ほんとうの問題点と、解決策のヒントが浮き彫りになりました。

調査結果

- 外観は、手入れができておらず古い印象
- 部屋は、29年前のデザイン

空室対策はお金をかけたリフォーム工事ではなく、原状回復プラスαの工事を実施。

劣化や汚れが目立つ建物状態

外階段の手すりやステップの鉄部は、全体的に塗装が剥がれ赤サビだらけ。2階通路は床が黒ずんだままのため、うす暗い印象。

荒れ放題でゴミがあふれる共用部

容量不足でゴミがはみ出したゴミストッカーと旧式の集合ポスト。

古びた内装でも清潔感は合格点

原状回復工事済みの部屋は清潔感あり。3点ユニットバスはNGではないものの、焦げ茶色の木部塗装など時代遅れ感が残る。

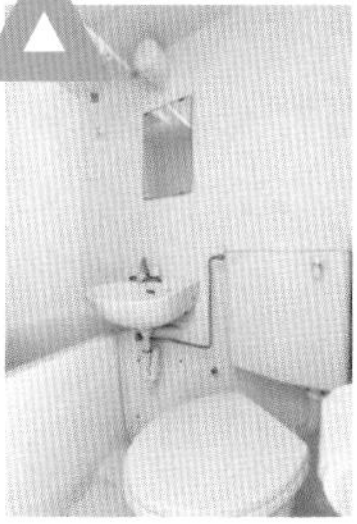

第2章 建物・共用部の改修 どこまで何をやるか？コストのかけどころを見極める

入居を決めるために必要なプランを提案。
予算内で、外観のイメージアップと共用設備の機能向上を実現可能な改修工事に絞りました。

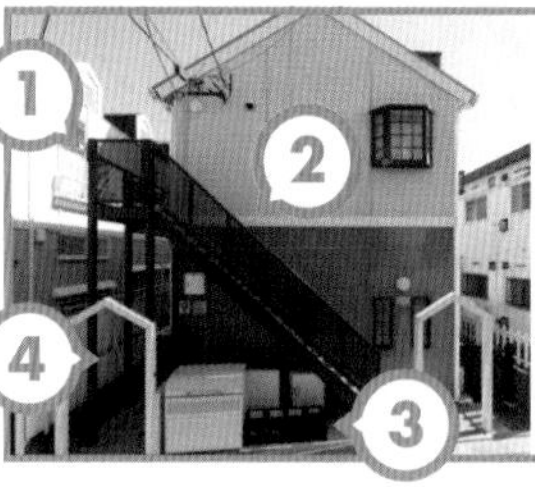

階段と通路の鉄部塗装や床面の防水性をアップ。乱雑なゴミ置き場を整理し、集合ポストの位置も移動。

① 1・2階通路（外廊下）

ウレタン防水塗装（2階）	150,000円
高圧洗浄（1階）	50,000円
PS扉他鉄部塗装	200,000円

吹きさらしのため、風雨や泥汚れで黒ずんでいた２階通路をウレタン防水塗装。１階通路は高圧洗浄し、鉄部も塗り替えた。

建物、共用部改修費
総額
1,550,000円

POINT 1
物件の「顔」のイメージ刷新

現地を訪れた時、最初に目に飛び込んでくる箇所にスポットを当て改善。見た目の“キレイ”を演出しました。

POINT 2
入居者の「利便性」向上

入居者が日常的に使うゴミ置場は分別対応に、集合ポストは大型の物に変更したことで、入居者の利便性が向上しました。

② 外階段

階段鉄部、通路内側塗装（一部足場）	350,000円
防滑シート工事	500,000円

蹴込みと踏み板が一体型のシート状の床材を敷き込む。防サビ、スリップ防止と遮音性向上にも効果的。手すりの鉄部はサビ除去と塗装。一部を除き足場が不要で費用も節約。

③ ゴミ置き場

ゴミストッカー取り換え工事 （ダストピット DPUB-800、800ℓ）	130,000円

ゴミストッカーを、中身が見えるメッシュタイプからパネル式の大容量タイプに交換し、分別用コンテナも併設。粗大ゴミ放置の死角となるブロック塀も撤去してスッキリ。

劣化が目立つ部分に
手を入れれば、
イメージは一気に

④ 集合ポスト

ポスト新設工事 （NASTA D-ALL 集合ポスト）	170,000円

見栄えが良くない旧式ポストを撤去。配置を見直し、ネット通販でも利用が増えているメール便が投函できる最新タイプに交換。

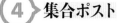

第3章 居室の改修

原状回復＋αの改修で大変身

居室の改修費
総額
351,500円

「築古＝リノベーション」という先入観はNG。
家賃水準の高くない地域では、高価な住宅設備や内装グレードアップは不要。原状回復に少しプラスするだけで見栄えが格段に良くなります。
集客効果を高めるキーワードは「明るさと清潔感」。

ロフト用梯子交換

43,000円

使い古して傷んでいるロフト用の梯子とブラケットを交換。手すりつきタイプを選び高所の安心感もアップ。

ペンダントライト

26,000円

After

シーリングライトを撤去し、天井高を活かしたおしゃれなペンダントライトに交換して好感度アップ。

Before

POINT

＋αのアイテムで“物件力”を向上

ツボを押さえた人気アイテムを加えるだけでも、入居希望者を惹きつけます。

ピクチャーレール

9,000円

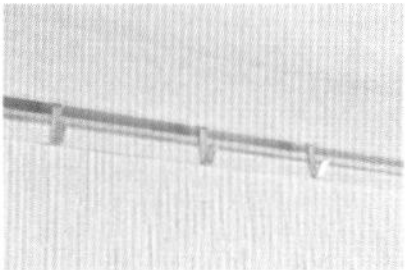

アート作品を飾っておしゃれな部屋づくりに。小物を吊って「見せる収納」も。

室内物干し

15,000円

雨の日だけでなく、花粉や防犯対策を兼ねて高まる部屋干しニーズに対応。

POINT

「色」を変えるだけで見違えるほど明るい印象に

Before

クロスを全面張替えしなくても、既存の内装材を活かして、傷の補修や一部の張り替え、塗り替えで、雰囲気は変わり、イメージを一新できます。

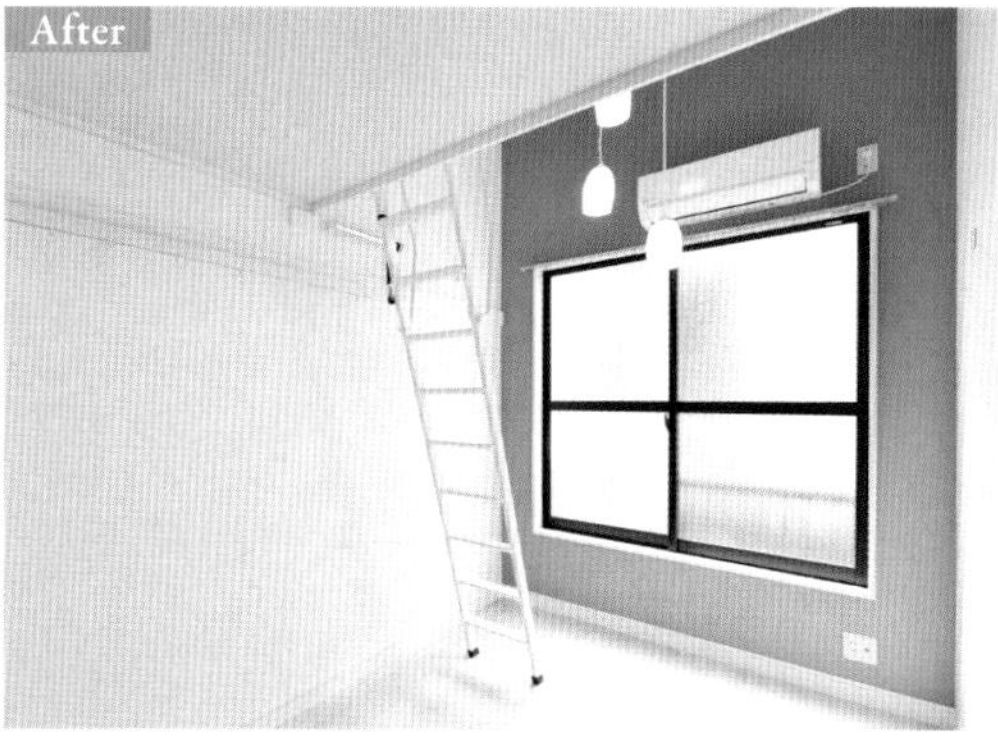
After

居室リフォーム

206,500円

ひと昔前に主流だった重厚感のある濃い茶色の巾木や長押を塗り替え、最近の若者層が好む、白を基調にした明るく開放的なテイストに変更。

収納改造

43,000円

Before

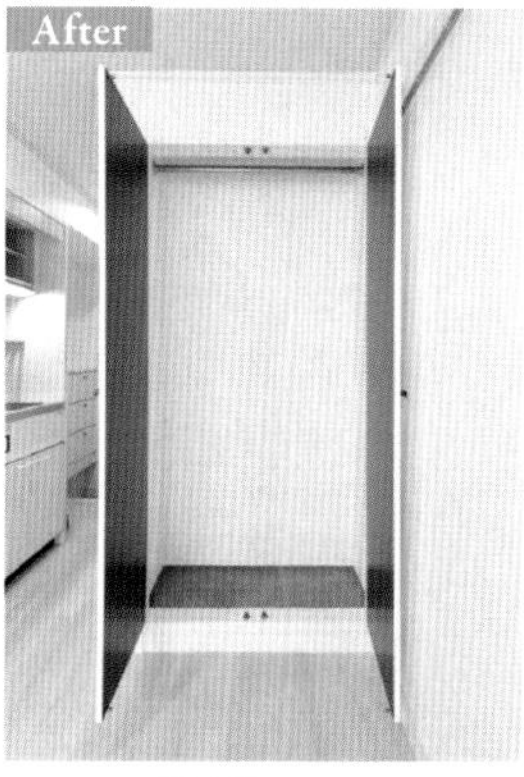
After

建具を塗り替え、使い勝手の悪い中途半端な棚を撤去し長めのハンガーパイプに交換。

玄関リフォーム

9,000円

暗い茶系の色合いの床材をグレーに張り替え、ドア枠は白に塗り替え。暗い玄関がパッと明るい印象に。

古いから入居が
決まらないわけではありません。
工夫次第で"決まる物件"に
変えられます

第4章 改修を終えて 半年間を経てついに満室に

購入時に空室だった3部屋は
改修中に入居が決まり、後から退去が出てしまった
1階の部屋もまもなく契約に。
ついに満室達成です！
賃料アップも実現し、収支が改善しました。

空室	3室	▶	満室
賃料収入	63万円／月	▶	75万円／月
収支(税引前)	55万円／月	▶	67万円／月

古いアパートがキレイによみがえって、満室になり感激。まだまだ安定収益を生んでくれそう。不安が希望に変わりました。

Epilogue エピローグ

安定経営が続く未来に向かって

改修後の2年間はほぼ満室で、順調な賃貸運営が続いています。

この流れで、今後の経営の展望をオーナーにアドバイス。当初迷っていた「建て替え」か「長期活用」か？オーナーのFさんは後者に心が動いています。

	長期活用	同規模の物件に建て替え
今後30年間の余剰金累計	1億3,500万円	9,800万円
前提条件		
建築費／解体費	－	解体費　400万円 建築費　7,400万円
借入条件	－	全額借入 金利2%　期間30年
大規模修繕	30年間で約4,000万円	30年間で約2,000万円
維持修繕費	賃料5%	賃料の5%
賃料	1戸当たり4.5万円 ※10年間で7%下落	建て替え後1戸当たり5.2万円 ※10年間で7%下落

当社で、建て替えと長期活用の比較シミュレーションを作成。生涯収支は長期活用した方が有利という結果に。さらに建物診断では、近く大規模修繕は必要なものの、修繕と改良の両方を適切に行えば今後20年以上活用できる見通しを確認できました。建て替えを考えていたFさんの気持ちは長期活用に転換し、当社とFさんで、長期活用に向けた取り組みの第一歩がスタートしました。

令和の不動産オーナー必読書！

〜築古でも"入居率95％超え"を誇るプロの知恵〜

"築20年"からのアパート・マンション経営"成功"の秘訣！

株式会社市萬 代表取締役 西島 昭

まえがき

築年数の経過した賃貸アパート・マンションを経営されているオーナーの皆さま。

「だんだん、建物の修繕にお金がかかるようになってきた、空室が増えてきた……。収支は悪化する一方だし、そろそろ建て替えなければならないか」

と、悩んでいませんか。

その必要はありません。

そのお悩みは、建物を長く活用することで解決できます。


私は東京都世田谷区で不動産コンサルティング会社「株式会社　市萬」を経営している、西島と申します。日々、30名のスタッフと不動産の問題解決を行っています。

当社の特徴は、管理する物件の約75％が入居付けに不利と言われがちな「築20年」以上の築古物件であることです。

それでも2023年現在、「11年連続（132カ月）」でほぼ満室に近い「入居率95％以上」の実績をあげております。

これは、経験やノウハウの蓄積の結果と自負しております。

不動産会社への相談といえば、「売りたい」「買いたい」「貸したい」「借りたい」といった内容を想像されると思いますが、当社は一般的な不動産会社とは少し違い、「空室が多くて、どうしたらいいかわからない」「この計画、本当に進めていいの？」といった相談が多く寄せられます。

特に最近は、こんな質問が増えています。

「せっかく賃貸マンションを建てたのに、賃料は下がるし、修繕費の負担が大きく大変。どうしたらいい？」

「アパートを建て替えようと思っているけれど、本当にいいと思う？」

こうしたご相談に対して、これまでの経験をもとに、お持ちの不動産の将来の収支を計算し、その数字を根拠とした解決策を提案しています。

計算の結果、ほとんどのオーナー様に「苦しいのは今の一時的なもの。ここを乗り越え、保有し続けると収支は良くなりますよ」と申し上げることになります。

◆賃貸経営には苦しくなる時期がある

賃貸不動産を複数保有し、まわりからは「賃料収入が多くてうらやましい」と見られている富裕層の方でも、実は賃貸経営に悩んでおられることが多いものです。

とりわけバブル時代に高額な建築費をかけて建てられた、築30年を超えた物件をお持ちの方から、このようなご相談が増えています。

本書でくわしく説明しますが、借入れをして賃貸不動産を建てた場合、築後20年を過ぎたころから、さまざまな要因で収支が悪化して経営は苦しくなります。そうした事実も、また「建物が実際どのくらいもつのか」ということについての、正しい情報がオーナー様に届いていないことも、悩みが大きくなる要因の一つになっています。

築年数を経て収支が悪化してきた時期に聞こえてくるのは、賃料の下落、空室の増加、設備や外装の修繕などきびしい話ばかりで、将来への希望が見えません。その中で赤字が何年か続くと、「今後はずっとこの状態が続くのか」と悲観してしまい、「賃貸マンションなんて建てなければよかった」と嘆く方、「もうこれ以上は無理」と建て替えや売却をする方も出てきます。

ですがここであきらめたり、投げ出したりせずに、長期的な目線で経営に関わっていただければ、必ずよくなる時が訪れるのです。

◆これからの賃貸経営は建物長期活用の時代

賃貸経営を適正な収益が出る姿に戻すために、どうしたらよいのか。

その答えは、「今ある建物を長期活用すること」です。

建て替えずに建物を長く活用することこそ、今の時代に合った解決法であり、それが健全な賃貸経営を行う道だと私は考えます。

建物を寿命まで活用し続け、収益の最大化を実現することが、賃貸経営の成功を意味します。


累計6作目となる本書では、正しい情報とともに、今、賃貸経営の収支が悪化して悩んでいる賃貸オーナーの皆さまに、「大丈夫です、安心してください。このあと、良い状況に変わっていきますよ」ということを伝えたくて、執筆しました。

賃貸経営では、築20年から30年に至る厳しい時期を乗り越えれば、その後は建物の長期活用により、何十年にもわたって安定した収益を得られるようになることを、ぜひ知っていただきたいと思います。

西島　昭

◆目次◆

第2章　長く収益を上げるために必須な2つの建物対策

第3章 安定した賃貸経営は「キャッシュフロー」を知ることからはじまる

第4章 資産運用としての賃貸経営の「大きなメリット」とは

第1章

「建て替え・売却」と
「長期活用」はどっちがお得？

多くの賃貸物件は、金融機関からの借り入れで建築されます。その場合、築20年に達するあたりから借入金の返済が終わる築30年頃までは、それ以前に比べて収支が厳しくなり、手元に残るお金が減ってきます。そのため今後の賃貸経営に不安を覚え、建て替えや売却を考えるオーナーも少なくありません。しかしそれは、収益面からみて正しい選択なのでしょうか？

本章では、建物を長期活用することによって、賃貸経営を成功させた事例をご紹介します。

1 苦しい「今」を乗り越えた先の「豊かな未来」

築20年を超えてからも、長く収益を得られる賃貸経営

築20年を超えると、建物の老朽化が目立つようになります。多くの入居者は新しく設備のキレイな物件を好むため、古くなるにつれて賃料が下がり、収入が減少します。また、エアコンや給湯器などの設備も経年劣化し、修理や交換が必要になります。さらに建物本体も雨漏りや給排水管の不具合などのトラブルが増え、最初の10年には必要なかった出費がかさんできます。

加えて、築20年頃になると大規模修繕工事が必要な時期を迎えます。手持ちの資金では足りないほどの多額の費用が必要になることを知ると「もう、この建物で賃貸経営を続けるのは無理だ。いっそ建て替えてしまおう」と考えるオーナーも出てきます。

ですが、それはもったいないことです。なぜなら、この苦しい時期を乗り越え、新築時の借入金の返済が終わった後には、収支がぐっと良くなるからです。もし建て替えたとしてもまた同じことの繰り返しで、やはり築20年目を超えた頃から経営は苦しくなってきます。

安易に建て替えるのではなく適切なリフォームをしながら建物を長く活用し、築30年目以降の安定経営を目指すことが、賃貸経営の収益最大化につながると私は考えています。

当社には多くの不動産オーナーが賃貸経営の相談にいらっしゃいます。その中で、強く印象に残っている事例をご紹介します。

事例 建て替えから長期活用に切り替えて成功

東京都町田市にある築20年の木造2階建てのアパートをお持ちのお客様です。新築時に5000万円ほどの融資を受けて建築され、当時の借入金がまだ1000万円弱残っている状態でした。

物件の所有者はお母様でしたが、実際の経営は息子さんが全て行っていました。息子さんは当時60歳、お母様は85歳。息子さんを、仮にAさんとしましょう。

Aさんはご友人からの紹介で、来社されました。

お持ちのアパートを建て替え、6階建てあるいは7階建ての賃貸マンションを建築するにあたり「どのような間取りにすべきか、管理会社なら入居者ニーズに詳しいだろう」ということで、相談に来られたのです。

Aさんは建て替えることは既に決めており、建て替えの可否を尋ねにこられたわけではありませんでした。が、私は最初に物件の住所をお聞きした時点で、そこがどのような場所なのか見当がつき、この計画に大きな危惧を感じました。

◆6階建て賃貸マンションでは収支が合わない

その地域は町田市の中でも新興住宅地で、Aさんのアパートの周囲には次々に大きな分譲マンションが建てられており「自分たちも大きな建物を建てなくては損だと思った」とのことでした。

ただその場所は、都心に向かうには最寄り駅からの乗り換えがやや不便で、賃料の坪単価が低くなっています。賃料が高いと入居者が入りにくいエリアです。

また、6階建てともなると、エレベーターを設置する必要もあり、建築費は相当高くなります。建物が大きな分、修繕費用もそれなりの額を見込まなくてはなりません。しかし、エリア的には、必要な支出をカバーできるだけの賃料を設定すると、入居者が現れない立地なのです。

同じ規模の建物でも、賃料水準の高い都心であれば問題はないのですが「この立地でマンションに建て替えたとしても、おそらく採算が合わないだろう」ということが想像できました。

◆建築会社のシミュレーションは前提が甘い

賃貸経営で建物が古くなると、建築会社から建て替えを勧められることがよくあります。Aさんの場合も同様でした。

建築会社のシミュレーションによれば、建て替えた後は手元に残るお金が今の2倍以上になるという結果になっていました。しかし、実際にシミュレーションを拝見すると、その金額は税引き前の数字になっていました。

さらに賃料は30年間変更がなく、今後必要となる大規模修繕費用を見込んでいないものでした。実は、建築会社が示すシミュレーションはこのように前提が現実と異なることが少なくないのです。

建築会社は建物を建てるのが仕事ですから、将来の賃貸経営に責任はありません。後から「こんなはずでは…」という事態になっても、自己責任です。

ですから、建て替えを決める前に、ぜひ信頼できる第三者に建築会社によるシミュレーションのチェックや、実情に合っていなければ再シミュレーションを依頼することを強くお勧めします。

◆一般的な立地での賃貸マンション建築は採算がとれない

賃貸マンションを建築する場合、立地によって建築費に差があるわけではありません。坪当たり賃料が1・2万円以上の立地であれば、その費用を回収することが可能で、その意味では都心で次々にマンションが建築されているのは、経済的な合理性があってのことです。

しかし、都心などの好立地以外ではそうはいきません。

多額の借り入れを行って建物を建築しても、収入がそれに見合わず、採算が合わないことも珍しくないのです。それは、シミュレーションをすると一目瞭然です。もちろん相続税対策など、別の側面でのメリットもありますので一概には言えませんが、少なくとも賃貸経営の収支の面では厳しいと言わざるを得ません。

◆「建て替えは無理」と言われ、怒り出す

私はAさんに「この建て替えは採算が取れないかもしれません」と申し上げたのですが、それを聞いたAさんは、怒り出してしまいました。

Aさんは自分で事業を行っており、そちらがあまりうまくいっていなかったことから、賃貸アパートをマンションに建て替えて収益を上げ、それを事業の足しにする計画を立てていました。起死回生の手段としての建て替えということで、その意味では切実な状況だったのだと思います。

ところが、プランの相談に来ただけなのに「この立地で、賃貸マンションは収支が合わない」と根本から否定され、心外だったのでしょう。

当社のオフィス内には、喫煙スペースがありません。Aさんは苛立ったご様子で「ちょっと一服いいか。タバコを吸いに外に出る。落ち着いたら、また来るから」と言って席を立ち、建物の外に出られました。

一服を終えて戻ってこられ、まだ感情が高ぶっている雰囲気のAさんに、改めてお

話を伺ったのですが「これはきちんと正しい情報を伝えないと、ご本人が大変なことになる」と感じました。Aさんは、おそらく当社のお客様にはなっていただけないでしょう。しかし、ここで賃貸マンションを建てるかどうかは、Aさんの人生を決定しかねない一大事です。誰かが言うべきことを伝えなくてはいけません。

◆先々のキャッシュフローシミュレーションを作成

結局、その後、相変わらず納得できないご様子のAさんと何度か打ち合わせを行いました。その際、金融機関の返済表と確定申告などの必要書類を用意していただき、今あるアパートを使い続ける場合と鉄筋コンクリートのマンションに建て替えた場合とで、現時点から先々までのキャッシュフローのシミュレーションを作成し、お渡ししました。

キャッシュフローのシミュレーションとは「この先、月々の収入がいくらあり、支出がいくらあって、税引き後、手元にいくら残るのか」を計算した表です。これを作ることにより、具体的な数字をもとに、将来の生活設計ができるようになります。

今後30年間のキャッシュフローシミュレーション結果は左表のとおりです。今のアパートを長期活用した場合、これから5年間は苦しい時期が続きますが、新築時の借

今後30年間のシミュレーション

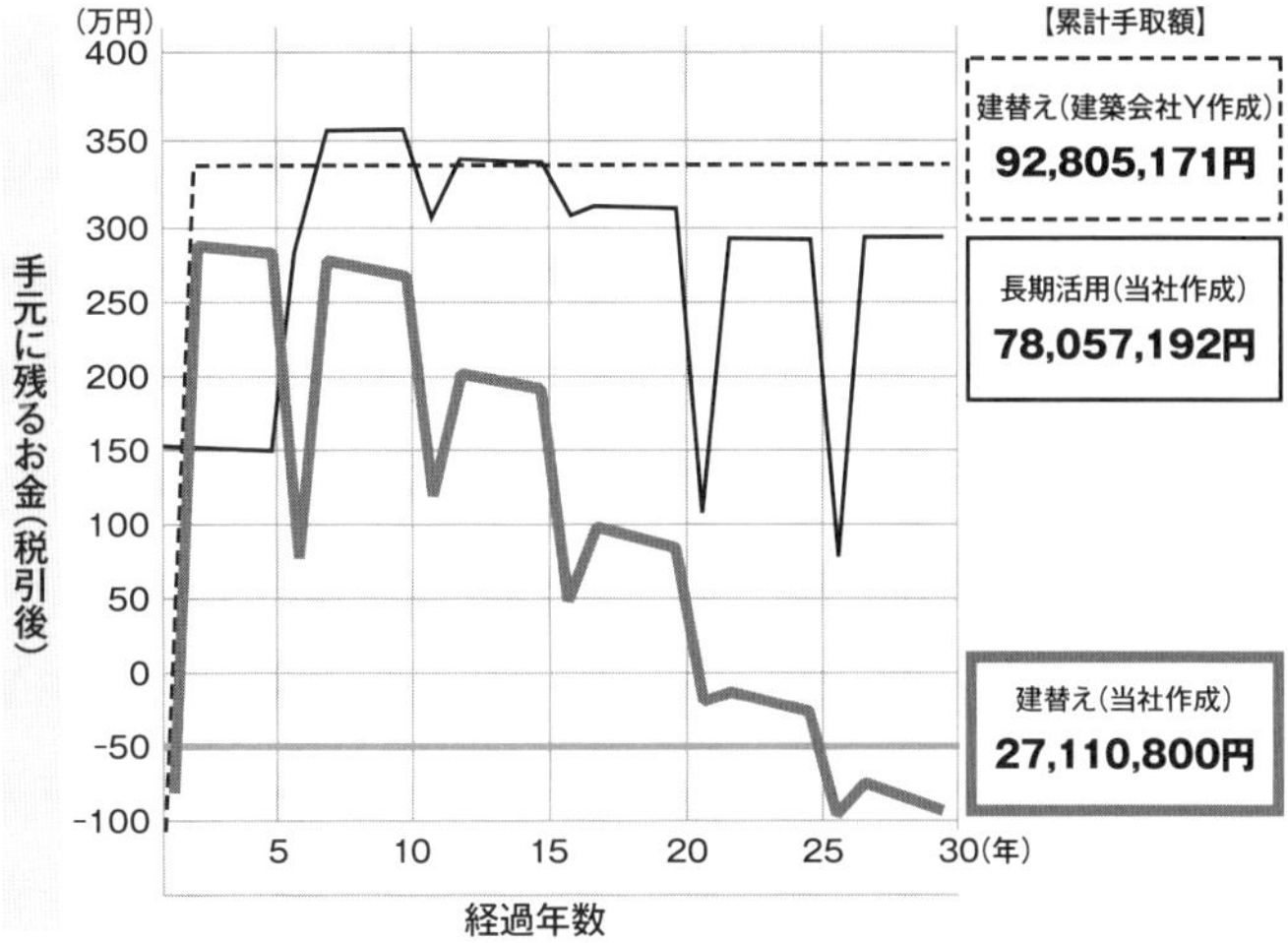

建築会社Y作成建替えプラン

		2年目	20年目	30年目
収入	賃料収入	13,566,000	13,566,000	13,566,000
支出	管理費	678,300	678,300	678,300
	維持管理費等	1,356,000	1,356,000	1,356,000
	返済	8,294,261	8,294,261	8,294,261
収支(税引前)		**3,236,839**	**3,236,839**	**3,236,839**

当社作成建替えプラン

		2年目	20年目	30年目
収入	賃料収入	13,566,000	12,616,380	11,733,233
経費	管理費	678,300	630,819	586,662
	維持管理費等	1,356,000	1,261,638	1,173,323
	大規模修繕費	0	10,000,000	22,000,000
	返済(支払利息)	3, 605, 248	1, 766, 045	217, 043
所得税		512,613	693,626	869,757
手元に残るお金(税引後)		**2,724,226**	**732,163**	-966,854

入金の返済が終わった後は、大幅に収支が改善します。

一方、建て替えた場合は、解体費用や新築費用がかさみ、思ったほどの収益は上がらない結果となりました。

◆3度の打ち合わせでようやく納得

3度の打ち合わせを経て、Aさんから「あなたが言っていることが、ようやくわかった」と言っていただけました。マンションを経営しているご友人とも話したところ「その管理会社は、割と正しいことを言っているんじゃないか」と言われたそうです。

Aさんはその後、建て替えを中止。賃貸事業に頼ることはあきらめ、ご自身の事業で頑張って、危機を乗り切られました。

やはりAさんは、当社のお客様にはなりませんでした。ですが、以後すっかり当社のファンになってくださり、その後も毎年のように、お手紙や届け物をいただいています。

事例 売却か？ 長期活用か？

もう一つ、事例をご紹介します。当社で物件の管理をさせていただいている、70代の女性のお客様、仮にBさんとしておきましょう。

Bさんは川崎市内に、お父様が相続税対策で建てた賃貸マンションをお持ちで、その1室にお住まいでした。相続を受けてしばらくの間は、大手の不動産会社に管理を任せていたのですが、行き届かないところがあるということで、地域の信用金庫の紹介で当社が管理をすることになりました。

「賃貸マンションを売却したい」というご相談がBさんからあったのは、当社が管理をし始めてから5年ほど経った頃です。Bさんが物件の相続を受けておよそ10年、建物は築28年になっていました。

Bさんがお持ちの物件は、鉄筋コンクリート造の8階建てのマンションで、20世帯が暮らしています。部屋の間取りは1LDKで、賃料収入は月々200万円ほど。しかし、借入金の返済や税金、修繕などの諸費用を差し引くと余裕はなく、なんとか黒字になっているという状況でした。

◆手残りが減って、これでは生活ができない

Bさんの場合、ここ数年建物の不具合が続き収支が悪くなっていました。

賃貸オーナーの中には、賃料収入のみで生活している方も多く、賃料収入の手残りが減ってしまうと、生活に支障が出てきます。

Bさんのケースも同様で、築20年を超えてから収支が悪化して「手残りがこれ以上少なくなると、食べていけない」という状態に陥っていました。それに加えて「この先、建物が古くなっていくと、収支はもっと苦しくなるのでは？　このまま賃貸経営を続けると、将来が不安だ」ということでした。

◆大規模修繕で3000万円の借入れが必要に

さらにもう一つ、築30年近くなった建物には雨漏りも発生しており、近いうちに大規模修繕が必要でした。工事会社に依頼した見積もりは3000万円。Bさんの場合、自己資金では支払いが難しく、金融機関から借り入れをする必要がありました。

しかしBさんは「もうこれ以上、借り入れをしたくない」というご意向があったため、信用金庫より先に、管理会社である当社に売却の相談があったのです。

この物件、Bさんのお父様が新築時に3億5000万円ほどの融資を受けて建築したもので、28年後の現在も、およそ1億2000万円の借入金が残っていました。大規模修繕をするために融資を受けると、さらに借入金が増えることになります。

また、Bさんにはお嬢様が1人いらっしゃるのですが「これ以上の借り入れをして、借金を娘に引き継ぎたくない」という思いをお持ちでした。

◆不動産会社は売却を勧めてくる

実はBさんはこのときある不動産会社から「現時点で売却すれば、およそ2億4000万円で売れる」と、物件の売却を勧められていました。「さらに古くなったら売れなくなるかもしれませんよ」とも言われていたそうです。

今売れば、残った借入金を返済しても、1億円強が入ってきます。今は月々の賃料収入の手残りがぎりぎりなので生活も苦しい状態ですが、大きなお金が入ってくれれば、当面の生活は楽になるでしょう。

◆物件の転売で収益を上げている不動産会社

物件を管理する立場から見ると、この例はよくあるパターンと言えます。

現在は低金利でお金が借りられるため、収益物件は人気があります。多くの賃貸オーナーのところには、不動産会社から「買いたい」という営業の電話がかかってきます。

不動産会社からしてみれば、それを仲介したり、購入金額より高く転売したりすれば、収益が出ます。自分たちの商売のために、物件の売却を勧めてくることが多いのです。

◆心情としては残しておきたい

不動産会社から売却を勧められたBさんは、当社に相談されたときにはまだ迷っておられる様子でした。

この賃貸マンションは亡くなられたBさんのお父様が建てられ、Bさんが相続を受けた物件です。「すぐにお金が入ってきて、生活が楽になる」という面からは「売りたい」という想いが強かったものの、心情面では「娘である私のために、父が残してくれたものだから売りたくない」と思われていました。

◆物件の寿命がわからない

築28年といっても鉄筋コンクリート造です。実際にはまだ何十年も賃貸物件として活用できるということは、不動産を良く知る人間であればわかっていることです。

一方、賃貸オーナーの多くは、「あと10年程度は使えそうだ」とか「もしかしたら20年ぐらいはいけるかな」程度には考えていても、賃貸物件として最終的に何年間活用できるのかは、確信がありません。「まあ、いずれは使えなくなるんだろうな」くらいの感覚でいらっしゃる方がほとんどです。

その状態で「自分が考えていたよりも、高く売れそうだ」ということがわかると「だったら、売ってしまおうか」という気になってしまうのも無理はありません。

◆シミュレーションで将来の収支を確かめる

「Bさんの物件は築20年を超えて、収支が悪くなる時期を迎えています。そのため、月々の手残りが減ってしまい、生活が苦しくなっているのです。

けれども新築時に借りた融資の返済は、あと10年ほどで終わります。そうなれば資金繰りはグッと楽になってきます。これから10年我慢すれば、その後は月々の手残り

今後50年間のシミュレーション

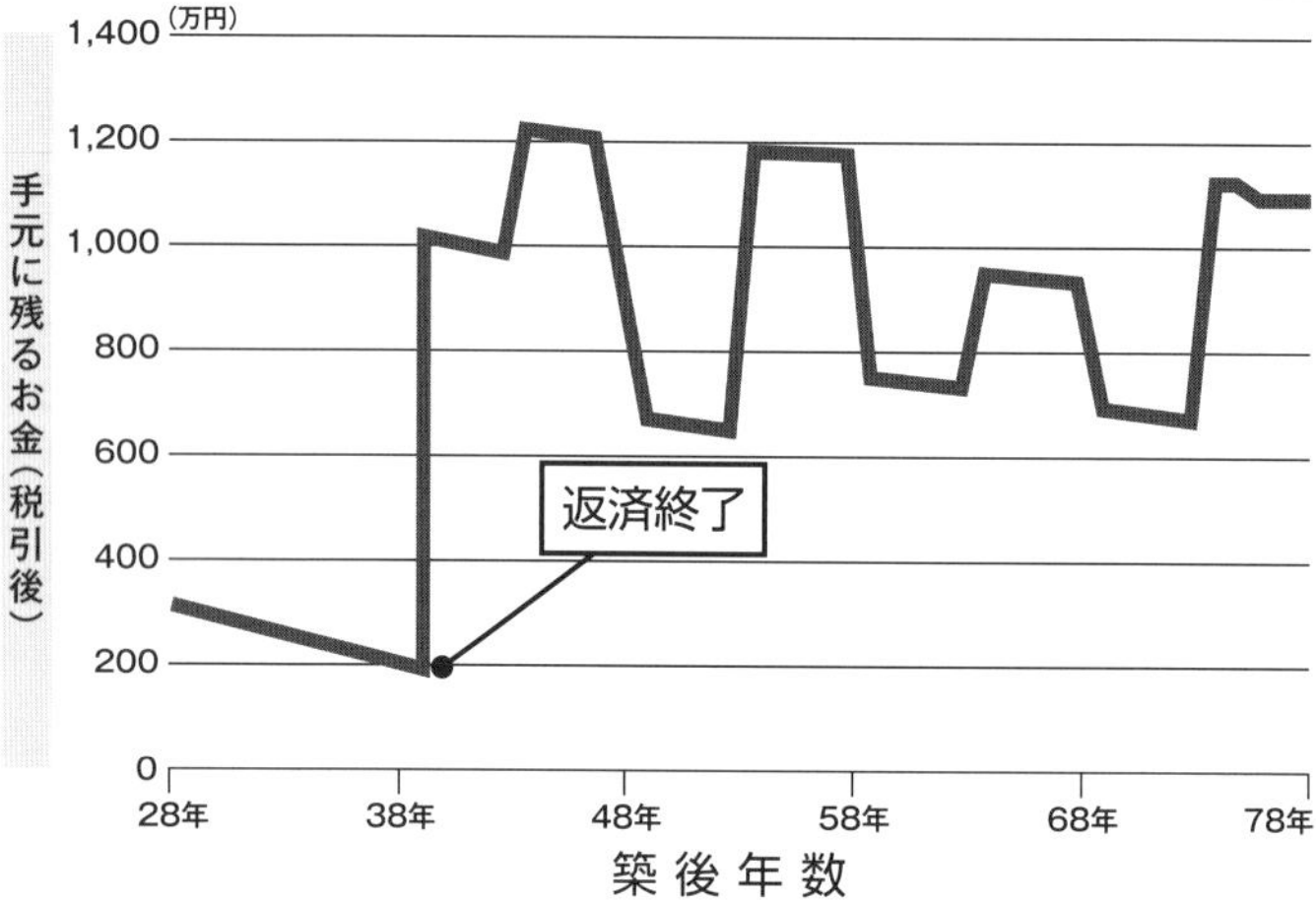

も大きくなり、波はありつつも安定して生活できるようになるはずです。そしてその状態が、それから40年間も続きます。鉄筋コンクリート造の建物は、きちんとメンテナンスさえすれば80年も使えるのですから。Bさんの老後の生活資金として十分な水準になる上に、物件は将来お嬢様に引き継がれ、お嬢様にとっても貴重な収入源になるでしょう」

そう説明してもBさんは半信半疑のご様子なので、これから向こう50年間のキャッシュフローをシミュレーションしてみることになりました。それが上の図です。

◆長期活用すれば40年間安定経営ができる

Bさんのケースをシミュレーションで見ると、今3000万円を新たに借り入れた場合、これから先10年間は月に20万円程度の手残りしかなく、たしかに生活はぎりぎりの状態です。

しかしそれが10年続いた後は、借入金の返済が終わり、手残りは月に100万円まで増えます。そこまで行けば、生活にも余裕が出てきます。そして、運営を間違えなければ、その状態が、それから40年間続くのです。

もっともその40年の間、次の大規模修繕などで一時的に月に100万円の手残りが50万円程度に減る時期はあります。しかし、その時もマイナスにはなりません。

このシミュレーションは建設会社がオーナーに建て替えを提案するために作成するものとは違い、大規模修繕などの修繕費用や所得税などの税金、経年による将来的な賃料の低下も見込んだ上での数字です。

一方、物件を売却した場合はどうでしょうか。

「借入金を返済して、さらに1億円強が入ってくる」、確かに計算上はその通りですが、譲渡所得税などがかかるので、実際にはそこまで手元には残りません。

また、今住んでいるマンションを売却するわけですから、住み続けるには新オーナーに賃料を支払わなければなりません。新たな場所に引っ越すとしても購入代金や賃料が発生します。

税金を払った後にBさんの手元に残るお金を計算してみると、この先Bさんが亡くなるまで賃料を払いながら生活していけるかどうか、少し不安な金額です。

◆建物の寿命がわからなければ将来の収支予測は難しい

シミュレーションの結果をご覧になったBさんは「そんなに古くなっても、こんなにお金が残るの？」と驚かれたようでした。そして「そもそも建物を長く使うという発想がありませんでした」とおっしゃるのです。

長く建物を活用するという発想がなければ「この物件がこの先、自分にどの程度の収益をもたらしてくれるのか」という計算もできません。

築20年を過ぎて賃貸経営が苦しくなってくると「もしかしたら、この建物はもう活用できないのかもしれない」と悲観的になり「自分の代でまた大きな借金をして建て替えはしたくない」と売却をお考えになる賃貸オーナーも少なくありません。

◆将来をどうしたいかで決まる長期活用の決断

賃貸経営を続けるか、やめて物件を売却するか。

Bさんから見ると、この場合の選択は「短期的な収益を取るか、長期的な収益を重視するか」という選択になります。

こうした場合の決定は、それぞれの賃貸オーナーがこれからの人生をどうしたいのか、子供に対してどうしてあげたいのかによって変わってくるでしょう。

もし子供がおらず、ご自身の代で賃貸経営を終わらせたいと思っているということであれば、短期的収益を重視するという選択もあります。

あるいは、お子様が何人かいたとしても、皆さまきちんとした収入源をお持ちで、生活面で問題がないのであれば、子供たちのことは考えず、ご本人が一番楽になる方法を選べばいいと言えます。

◆次世代にまで収入源を残せる長期活用

Bさんの場合は、お嬢様の存在が一つのカギでした。

お嬢様はまだ独身です。もし今後結婚して家族ができたとしたら、安定した収入源があった方が人生の選択の幅が広がります。

「賃貸経営を続ければ、自分の老後の年金となるだけでなく、世代を超えて娘に貴重な収入源を残してあげられる」という想いが決定打となり、Bさんは物件の売却を中止されました。

◆シミュレーションのおかげで融資も問題なし

必要となっていた大規模修繕費用は、当社が作成した、修繕費用や経年による賃料の低下までを見込んだ現実的なキャッシュフローのシミュレーション結果を資料として提出したことで、これまで取引のあった信用金庫で審査が通り、無事に融資してもらえることになりました。

その後、2年ほどになりますが、大規模修繕も完了し、問題なく賃貸経営を続けておられます。

売らずに賃貸経営を続ければ、将来の経営状態はよくなる

当社ではBさんの例のように、オーナーから「物件を売りたいんだけど」と突然お

話をいただくことがあります。

よくあるのが「設備が古くなり水漏れなどのトラブルが増えて、賃貸経営が嫌になってしまった」というようなケースです。

設備のトラブルをきっかけに、補修のための新たな費用負担が発生し、収支が悪化することで「なんのために賃貸マンションを持っているんだろう」「もう売ってしまいたい」と、心が折れてしまうのです。この場合は数字よりも感情が優先されてしまっています。


「今よりもっと悪くなるなんて、決してそんなことはないですよ。必ず今よりも良くなる時が来ます」と、相談があるたびに私はお伝えしています。

ただそれには、物件を売らずに賃貸経営を続ける必要があります。

建物を長く活用することができると、オーナーには大きなメリットがあります。建物の長期活用こそ、賃貸経営の醍醐味です。それを知らないで途中で売ってしまうというのは、とてももったいない話なのです。

「長く持ち続けてもいずれは解体するのだし、古くなれば賃料も下がる。長期活用は単なる問題の先延ばしでは？」と思う方もいるかもしれません。しかし、賃料が下がらないように（もしくは上げるために）適切にリフォームを行い、物件を長期活用している事例は多くあります。

たとえ将来的に解体して新築するにしても、返済が終了しており、手残りが増えて余裕のある状態で取り組んだ方が、リスクが少ないのは明らかです。

「新築時の借入金の返済が終われば、収支が大きく改善して手残りも増えてきます。ですから、それを信じて、できるだけ長く今の建物を活用していきましょう。」

それが本書を通じて、賃貸オーナーの皆さまに私がお伝えしたいメッセージなのです。

2 建物長期活用がお勧めな理由

さて、ここまで「建物は長期活用したほうが収支がよい」ということを、事例を交えてお伝えしてきました。そこで気になるのが建物の寿命です。実際、建物はどの程度活用できるのでしょうか。

建物の寿命は意外と長い。木造60年、鉄筋コンクリート造80年

当社は賃貸物件の寿命を「木造で60年、鉄筋コンクリート造で80年」と考えています。ですが、賃貸オーナーの方々に建物長期活用の話をするとBさん同様、「建物をそんなに長く活用するという発想がまったくなかった」とよく言われます。

もちろん、何もせずにそれだけの長期間活用できるわけではありませんが、しっかり手入れすれば、これだけの年月、建物を活用することは可能だと考えます。

欧米諸国では木造住宅であっても、50年、60年使い続けることは珍しくありません。イギリスでは住宅の平均寿命が70年を超えています。ところが日本では、平均して30年ほどで取り壊し、建て直してしまいます。

原因の一つは、法定耐用年数を基準としたビジネスモデル

なぜ日本では多くの人が「建物はそう長くは活用できないもの」と思っているのでしょうか。

その原因の一つが、昭和40年に出された「減価償却資産の耐用年数等に関する省令」という大蔵省の省令です。ここでは建物の法定耐用年数が、住宅用の木造家屋の場合は22年、鉄骨造で34年、鉄筋コンクリート造で47年と定められています。つまり「住宅用の木造家屋は、22年経ったら、税法上の価値はゼロになる」と決められたのです。

そこで管理会社も金融機関も、それを前提にビジネスモデルを組んできました。「実際には建物はどれぐらい活用できるのか」をきちんと考えている人は、いないのが実情です。

耐用年数の目安

法定耐用年数	
木造	22年
鉄骨造	34年
RC造	47年

物理的・市場的耐用年数	
木造	60年
鉄骨造	70年
RC造	80年

法定耐用年数よりも建物の寿命は長い

ところが日本でも2013年頃から、国交省が「既存の建物をもっと活用しよう。そのために建物の評価方法を見直していこう」という提言を始めました。

一口に耐用年数と言っても、便宜上決められた法定耐用年数と、モノとしての耐用年数、市場的な意味での耐用年数は違います。

法定耐用年数は、税法の減価償却の対象となる期間のこと。

物理的耐用年数は、建物が老廃化して利用できなくなるまでの期間となります。

そして市場的耐用年数は、建物が古くなり、入居者に選ばれなくなるまでの期間です。

賃貸経営においては、法定耐用年数ではなく、物理的耐用年数や市場的耐用年数の方が実情に合っているのではないでしょうか。それが、木造60年、鉄筋コンクリート造80年なのです。

建物長期活用で重要な耐震性能

現在使われている賃貸アパート、賃貸マンションが多く建てられたのは、ここ40年ぐらいのことです。それ以前に建てられ、実際に物理的な寿命いっぱいまで使い続けられている賃貸物件は多くありません。

その理由の一つは、高度成長期からバブル期までは「建物が古くなったら建て替える」のが、賃貸経営のセオリーだったこと。そしてもう一つが、耐震基準の問題です。日本では昭和56（1981）年に、耐震基準の大きな変更がありました。それまでの耐震基準を「旧耐震」、それ以後の耐震基準を「新耐震」と呼んで区別するほど、大きな改定です。

1981年6月1日以降に建築確認を申請した建物は、新耐震基準で建てられています。ですから、2023年の時点で築40年ぐらいまでの建物であれば、新耐震基準に沿って設計されたものなので、耐震性についてはある程度安心できます。

建替えと長期活用の収益比較例

RC造3階建 延べ150坪の建物の場合

	長期活用	建替え
建築費・解体費（全額ローン）	1.8億円	1.8億円×2回 解体費1200万円
大規模修繕（自己資金対応）	1回目1800万円 2回目4700万円 3回目1800万円	1棟目）1回目1800万円 2棟目）1回目1800万円
維持管理費等	満室時賃料の10%	満室時賃料の10%
資料	建築時～80年目 10年ごとに7%下落	建築時～40年目 10年ごとに7%下落 建て替え後も同様
80年間の余剰金累計（税引後）	**5億5400万円**	**4億1800万円**

長期活用　修繕・改良しながら建物を80年間活用　　建替え　築40年日に建替えて合計80年間活用

一方、それよりも古い建物は旧耐震基準で建てられているため、中には再生が難しい物件もありますが、造りがしっかりしていて、築40年を超え50年近くなっても、現役で賃貸経営に使われている物件もあります。

長期活用で収益が1・3倍に

築40年で建て替えをした場合と、しっかり手を加えつつ80年間の長期活用をした場合の収益を比較してみたところ、上表のように同じ80年間で生涯収支にこれだけの差が出ます。

これは鉄筋コンクリート造3階建て、延べ床面積150坪の賃貸マンションについての試算です。

上昇する建築費

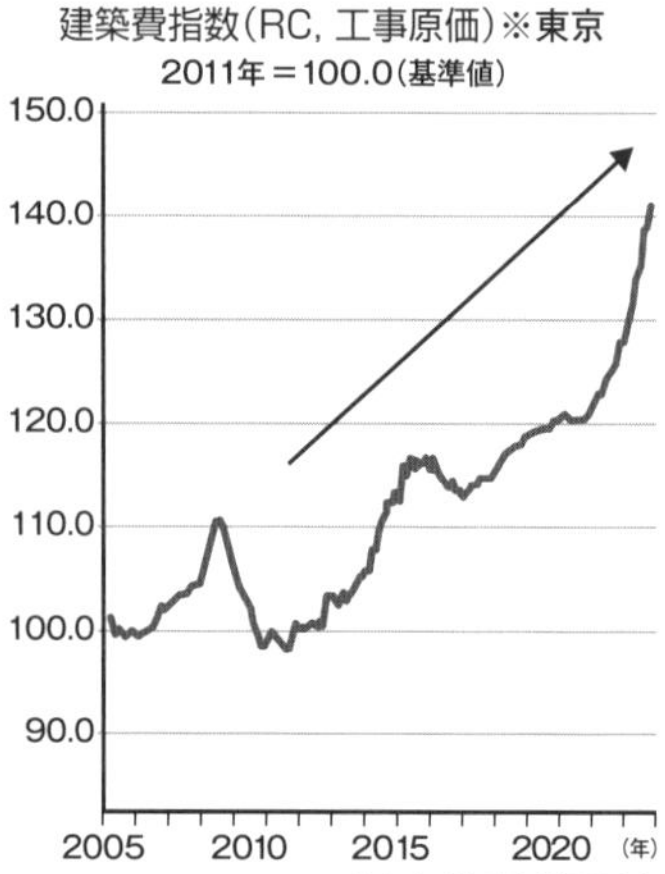

出典:(一社)建設物価調査会

下落する家賃

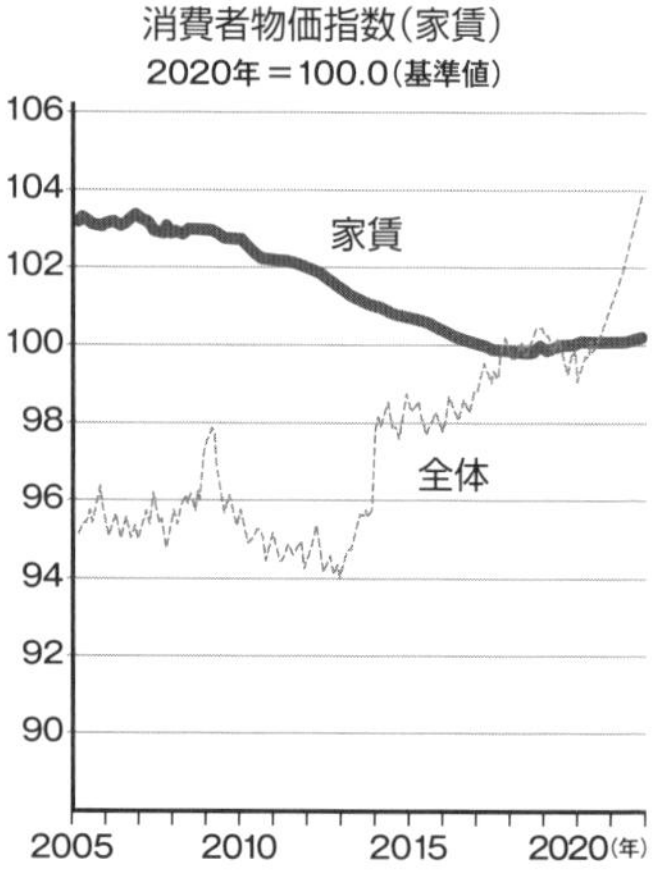

出典:総務省統計局

シミュレーションの結果、建て替えと長期活用では、長期活用のほうが収益が1・3倍大きいことがわかります。

高騰する建築費＋下落する賃料で建て替えは収支が合わない

建物長期活用をお勧めするのは、生涯収支が建物長期活用の方が良いからだけではありません。

バブル期までの賃貸経営は「建物が古くなったら、建て替える」というのが常でした。建てればすぐに満室になった時代は、それでよかったのです。

経済は右肩上がりで賃料相場も年々上がっており、建て替えても賃貸経営はうまくいきました。

しかし、今は建築費が高騰し、一方で賃料は下落しています。また、空室率も全国平均では18％程度と高くなっていることから、東京都心などごく一部の地域を除いては、建て替えても元が取れない可能性があります。

「建て替えは収支が合わない」

そういう点でも、これからの賃貸経営は「建物長期活用」の時代なのです。

建て替えで収支がよくなるのは最初の10年だけ

とりわけ、まだ最初の借入金が残っている状態での建て替えは要注意です。残債に加えて解体等の費用も必要になるため、大きなマイナスからのスタートになってしまいます。

それでも通常は建て替え後10年間については、収支がマイナスになることは、まずありません。しかし、15年を超えると収支が悪くなりはじめ、20年を過ぎてくるあたりからマイナスになってしまいます。

必要な修繕費や経年による賃料の低下、所得税などの税負担までを見込んだ、現実的なシミュレーションをきちんと行っていれば、計画段階で把握できることです。しかし現実には、それができてないケースがほとんどなのです。

事例 建て替えVS長期活用、40年で8000万円もの差

Aさんや Bさんのように、シミュレーションで将来の収支の数字を確認することによって、売却や建て替えを思い留まる方もいます。

一方、そうお伝えしても「賃貸経営はもういい。全部売り払って、妻と海外旅行にでも行きたい」と売却される方や「長期活用なんて、そんな話は聞いたことがない」と信用せず、建築会社に言われるまま、建て替えをされる方もいます。

世田谷区にお住まいで、駅から8分程度のところに鉄骨造の3階建てマンションを所有する、60歳の男性の賃貸オーナーがおられました。仮にCさんとしておきます。Cさんは精力的でハキハキしていて、いかにも仕事ができそうな雰囲気のオーナーでした。

お手持ちの賃貸マンションは、Cさんがご両親から引き継いだもので、築30年。相

談いただいた時点で、相続してから7年が経っているとのことでした。

◆子供に建て替えの苦労をさせたくない

Cさんは「自分の人生の最後の仕上げとして、古い建物を建て直し、新築物件に変えた上で、子供たちに引き継いでいきたい」という考えをお持ちでした。

お子様は娘さんと息子さんのお2人で、ちょうど社会人になりたてぐらいの年齢です。Cさんのように「子供に建て替えの負担をかけたくないから」という理由で、物件の売却や建て替えを考えるオーナーは多くいらっしゃいます。

このケースも、建築会社から建て替えを勧められ、前向きになっているCさんの話を聞いた金融機関が「建て替えはまだもったいないのでは」と考え、当社を紹介したのでした。

◆借入金が残っている状態の建て替えは高リスク

この物件の建築にあたって、Cさんのお父様は約2億8000万円の融資を受けており、Cさんが建て替えを計画した時点で、まだ3000万円ほどの残債がありました。お父様は途中で借り換えをされており、返済期間は築35年まで延びていたのです。

賃料収入は月260万円ぐらいで、諸費用を除いた手残りが70万円から80万円ぐらい。今の状況は決して悪くはありません。

しかし、借入金の完済後ならともかく、3000万円の残債に加え、現入居者の立退きや解体費用の負担もあり、建て替えをしてもマイナスからのスタートとなってしまいます。その場合、最終的な収支がプラスになるかわかりません。

それでもCさん本人は「建て替えの何が悪いんだ？」と、建て直す気満々でした。

◆ワンルームマンションに将来性はあるか

このケースでは、現在の3階建てのファミリー向け鉄骨造のマンションを、4階建て鉄筋コンクリート造のワンルームマンションに建て替える計画でした。

例によって建築会社のシミュレーションでは、修繕の費用や、経年による賃料の低下などはほとんど見込んでいません。

若者が減ってきている現状では、ワンルームマンションのニーズがこの先ずっと続くのかどうかも不安要素の一つです。立地にもよりますが、ワンルームマンションは今後20年、30年経つと、大きく賃料を下げないと空室が埋まらない可能性があると危惧しています。

そうしたこともあり「この先のキャッシュフローがどうなるのか、算出してみませんか」とお勧めしました。

◆長期活用すれば8000万円も収益が大きい

シミュレーションの結果「今、建て替えをするより、このまま賃貸経営を続けた方が、40年間で8000万円も収益が大きい」ということがわかりました。

建て替えた場合、最初の10年については、現状の70万円~80万円より手残りがやや多くなります。しかし、15年目ぐらいからはそれが逆転する結果に。建て替えない場合は融資の返済が終わって手残りが大きく増えるのに対し、建て替えた場合は借入金の返済負担が重くなって、手残りはほぼゼロになってしまいます。

◆それでもやはり、自分の代で建て替えたい

このシミュレーション結果をCさんにお見せしたのですが、収支以上に「自分の代でこのプロジェクトを終わらせたい」というお気持ちが強く「80年活用できたとしても、45年後に建て替えとなったら、子どもたちの代で取り壊しが必要になるだろうから」と言って、8000万円も多い収益が見込める建物長期活用ではなく、建て替え

を決断されたのでした。

「将来、子供に建て替えの負担を掛けたくない」というCさんの思いは達成されました。しかし、計算上、収支はプラスマイナスゼロです。さらに、建て替えの際の借入金もお子様に引き継がれます。最終的にどのような結果になるのかわかりませんが、うまく経営できているのか今も気になっています。

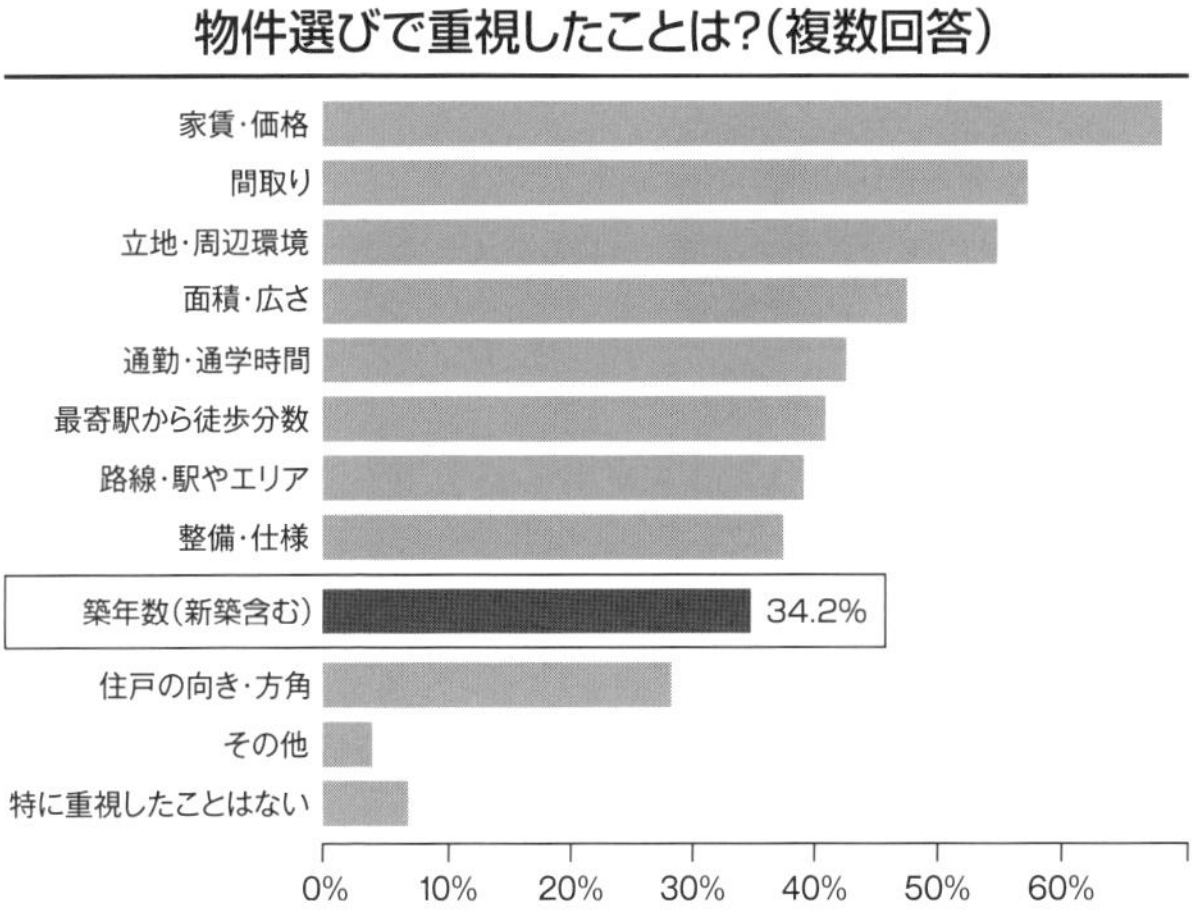

出典:株式会社リクルート 調べ
調査期間:2021年3月　調査対象:18~69歳の男女

3 古さは物件探しの大きなデメリットにならない

築年数が経過した賃貸物件の場合、修繕のための融資が出たとしても、オーナーにはまだ「市場でどう評価されるだろうか」という心配が残ります。

今ではネットの検索で、賃貸物件の築年数は、初めからわかってしまいます。多くのオーナーは「現役世代がこんな古い建物に、入居したいと思うだろうか」とお考えになるようです。

上の表をご覧ください。こちらは「物件選びで重視した項目」についてのSUMOのアンケート結果です。築年数は9位と低くなっています。

若い人にとって築年数は、賃料や立地に比べ、それほど気にはならないものだということです。

「今の20代の若者は、それほど古い建物を嫌う傾向がない」ということが各社の調査結果でわかっています。このことは最近では、不動産業界でも広く知られるようになってきました。

事例 築50年近くでも若者に人気の満室木造アパート

古くても、若者に人気の事例をご紹介します。

この物件は品川区にあり、駅から徒歩7分の木造2階建てのアパートです。オーナーを仮にDさんとします。

昭和50（1975）年の竣工なので、現在築48年。大手ハウスメーカーなどではなく、普通の大工さんが建てたアパートです。昭和50年というと、旧耐震基準で建てられた建物ということになります。しかし、腕の良い大工さんが建築した建物で、柱などもしっかりしたものが入っています。

部屋数は6部屋、いずれも2DKの和室のあるタイプです。入居者にはお年寄りが多く、賃料は8万円程度でした。

Dさんは相続でこの建物を継いだものの「建て替えるべきか、でも借り入れはあまりしたくない」と悩んでおられました。

ご相談を受けて物件を拝見し「これは少しもったいないな」と私は感じました。この立地であれば、工夫次第で若い人を狙い、賃料をアップさせることができると思えたのです。

◆旧耐震設計の建物でも再生は可能

そこで当時すでに築44年だったアパートをあと20年、築64年まで現役で稼働させる計画を立てました。

「木造建築の法定耐用年数は22年」です。しかし、木造建築が弱いのは水とシロアリで、その対策さえしっかりしていれば、20年どころか60年は建物を活用できる可能性があります。

旧耐震基準で建てられた建物であっても、造りがしっかりしていれば、その後の補強で今の耐震基準に合わせることができるので、スムーズな再生が可能です。

◆リフォームで賃料アップを狙う

経営方針を決めるにあたって、リフォームして今の建物を使い続けたケースと、建て替えをしたケースの両方について、将来的な事業収支のシミュレーションを行ないました。

建て替えをした場合でも、立地が良いため全体の採算としてはプラスにはなるのですが、建て替えない方が、より収益が大きくなるという結果です。

それに加え、オーナーであるDさんの「新たな借り入れをしたくない」という意向があったため、建て替えずに若い人向けのリフォームを行い、賃料アップを目指すことになりました。

◆賃料が上昇し、入居者層も若返った

この物件では、内外装のリフォームと、耐震補強工事を実施しました。

旧耐震基準で建てた物件ということで、まずは一級建築士に依頼して耐震診断を行ったところ、建物自体は当時の大工さんがしっかりと造っていたのですが、耐震性の要となる筋交いがないところが何箇所かありました。そのため、筋交いを入れ、金属の

補強金具で木材が外れないよう補強しました。旧耐震のアパートが、今の耐震基準に合う建物に生まれ変わったのです。これで充分、あと20年は保つと考えられます。

また、共用部を整備し、室内は若者が好みそうな今風の内装に変更しました。

結果として、８万円だった賃料は９万８０００円にまで上昇。それまで老夫婦が住んでいた部屋には、新たに30代の独身男性が入居するなど、入居者層にも変化がありました。

この物件の場合、現在でも高入居率を維持しており、退室が出てもほとんど時間がかからずに新たな入居者が見つかっています。しかも、若い世代も入ってくれる建物になりました。

古い建物でも融資は受けられる

ところで、賃貸オーナーの皆さまに「木造で60年、鉄筋コンクリートで80年保つ」とお伝えすると「そんなに活用できるの？」と驚かれた後に「でも、修繕費は借りられるのかな？」とおっしゃいます。

実際、金融機関からの融資が受けられない場合、資産に余裕のある方でないと建物の長期活用は成り立たないのが現状です。幸いなことに、今は一部の先進的な信用金庫や地方銀行が、法定耐用年数を超えた建物であっても、修繕のための融資を実施しています。

こうした傾向は、この4、5年ぐらいのことです。

先に述べたように、国交省の「既存の建物をもっと活用していきましょう」という提言がようやく民間にまで浸透してきたということでしょう。

金融機関も今の段階ではまだ、法定耐用年数を過ぎた建物への融資は個別対応になっていることが多いですが、それでも、以前に比べると融資審査が通るケースが確実に増えてきています。

法定耐用年数超えの融資には将来を見越した資料が必要

とはいえ法定耐用年数を超えた物件への融資に対しては、金融機関もまだ慎重なため、しっかりした資料が必要です。

先にご紹介した川崎のBさんのケースでは、当社がこれまでに取り組んだ長期活用の実例を示した上で、当社からお取引先の信用金庫に、修繕費や賃料の経年による低下、所得税などの税金まで見込んだ事業収支のシミュレーションを作成して提示。さらに「築55年まで融資が延長できれば、大規模修繕の新たな借り入れをしても返済は可能である」ことが確認できる資料を提出して初めて、修繕のための融資の審査が通ったのでした。

事例 築50年の物件が「唯一無二の人気物件」に

最後にもう一つ、築古の物件が人気物件になった事例をご紹介します。

こちらは大田区の賃貸マンションです。1976年竣工ですから、現状で築47年ということになります。建築当時では珍しい、斬新な設計の建物です。

オーナーを仮に、Eさんとしましょう。建てたのは地元の名士であったEさんのお父様です。新しもの好きな方だったとのことで、当時としては画期的な建物でした。

鉄筋コンクリート造りの3階建てで、全20部屋。建物自体も名前を知られた大手建築会社が建てています。

◆まずは緊急度の高い修繕をきちんとする

ただこの建物、当社が管理を担当するようになった10年ほど前には、雨漏りや排水管の詰まり、設備の故障などが続発する、問題の多い建物でした。

メンテナンスも不十分で、建物全体が荒れた雰囲気に。その結果、退去があるたびに賃料を下げないと入居者が決まらない、中には何年も空室が埋まらない部屋があるなど経営に苦しんでおられたため、金融機関の紹介で当社がアドバイスをさせていただくことになったのです。

オーナーのEさんは当時「故障が多いのは、古いからしかたない。建て替えはしたくないから、なんとかこれでやっていくしかない」とお考えでした。

建物自体はしっかりした造りで問題はなさそうでしたが、古さは否めず「とにかくまずは最低限の修繕をしましょう」ということで、最初はあまり工事費をかけずに「賃料を1割上げられればよい」という程度の内装工事を行ないました。工事の狙いは当たって、修繕工事後は、それまで12万円だった賃料が15万円に上がり、空いた部屋もすぐに埋まるようになりました。

とはいえ築年数が古いということが理由で、立地からすると比較的安い賃料のままでした。

◆築80年を目指してリフォームを敢行

それから5年ほどそうした状況が続いていた中、「入居された方たちがなかなか退去しない」という現象が起きてきたのです。

入居者のお話を伺うと「ここに代わる物件がない」「この物件の雰囲気や外観が大好きだから」とおっしゃる方が多いのです。「他にない、唯一無二の物件」という感覚です。そこでEさんと話し合い「ここは思い切って室内の全面リフォームにトライしてみましょう」ということになりました。

「1部屋600万円ぐらいの費用をかければ、月12万円だった賃料が19万を超えても入居者が決まる人気物件にできるのではないか。この物件ならそのニーズがありそうだ」と考えたのです。

この時点で築46年を過ぎていましたが「長期活用を前提に、築80年を目指してやっていく」という方針が決まりました。

とは言え、こちらの建物は旧耐震基準で建てられていたため、長期活用をするにあたっては耐震性能がネックでした。そのため、簡易的な耐震診断を行い、オーナーと相談の上、耐震性の弱い箇所を補強していくこととなりました。

また、念のため専門の業者によるコンクリートの診断も実施しました。鉄筋コンクリート造の建物の場合、コンクリート自体は長期間保つのですが、内部の鉄の配筋が錆びてしまうとコンクリートが破壊されたり、錆によって鉄筋の強度とともにコンクリートの強度が低下したりします。

診断の結果、コンクリートの状態は問題ないということがわかりました。

◆古くても入居待ちがでる人気物件に

そこで大規模修繕を行い、配管等を交換。修繕に合わせて内外装のリフォームを実施しました。今では狙い通り、かつては月12万円であった賃料が19万円強にまで上がり、入居待ちがでるほどの人気物件になっています。

このように古い建物であっても、時代に合わせて設備やデザインを魅力的に一新したリノベーション物件は、新築にはない新しい付加価値のある物件として注目されています。

第2章

長く収益を上げるために必須な2つの建物対策

本章では「建物を長期活用するために何をすればいいのか」というお話をします。

建物を長期活用するためには、適切に建物に手を入れていく必要があります。建物の寿命は、対策次第で長く延ばすことができます。


建物を長期活用するには、大きく分けて「修繕」と「改良」の二種類があります。

当社では、劣化や不具合が起きた建物や設備を補修して、見た目や機能を問題ない状態に戻すことを「建物修繕」、一方、現在の入居者のニーズに合うよう、機能や見た目を一新することを「改良工事」と呼んでいます。

1 マイナス（劣化や不具合）をゼロ（通常）に戻す「建物修繕」

建物を長期活用する上で、最重要課題となる「建物修繕」。劣化や不具合といったマイナスをゼロに戻し、長期的に収益を上げ続けていくために、次の「５つ」の観点からお話しします。

①いつ修繕をすればよいのか？
②計画的な修繕が建物を長くもたせる
③まずは建物診断から始めよう
④修繕費用の目安は？
⑤修繕はどこに頼むのがよいのか

それでは、順を追ってご説明していきます。

修繕とは

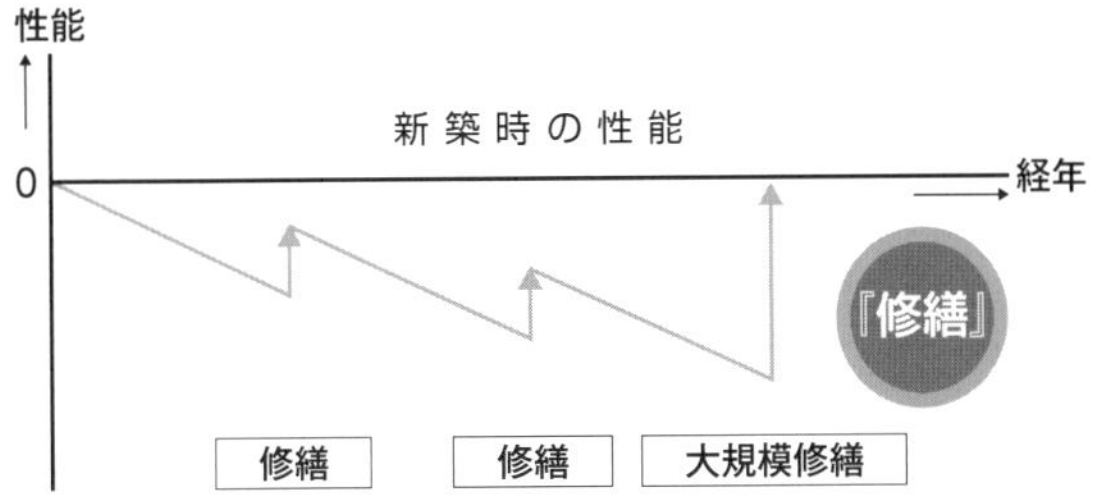

①いつ修繕をすればよいのか？

建物や付帯設備は、経年や外的要因によって故障や不具合が発生します。それを、修理や交換をして支障なく使える状態にまで性能や機能を回復させ、建物の劣化した部分を元に戻すことが「修繕」です。つまり「マイナスを0に戻す」わけです。

一般的には、室内外の劣化や設備の故障などによる日常的な修繕工事や、設備の修理や交換など比較的少額で収まる工事を「小規模修繕工事」、外壁の修理など足場を組んで建物全体を補修し、費用も高額になる工事を「大規模修繕工事」と呼んでいます。

劣化を防ぐには、適切な時期に適切な修繕工事が必要です。

具体的には、

・不具合のある設備の修理や交換
・給排水管の洗浄や交換
・エレベーターの修理や交換
・内部に水が浸透して鉄筋が錆びるのを防ぐヒビ割れの修繕
・雨や紫外線を防ぐ外壁塗装
・雨漏りを防ぐ屋上防水工事

などです。

◆「修繕は問題が起きてから」では高くつく

賃貸オーナーは「お金がない」「必要性を感じない」という理由から、修繕に対しては受け身な傾向があります。つまり「問題が起きてから考える」という姿勢です。たとえば金属部分であれば、錆びて穴が開いてから修理し、配管についても、もし水が漏れたらそこを直す、という考えの方が多いのです。

しかし、故障などの問題が起きてから対応するのでは、入居者に迷惑がかかってしまいます。問題が起きる前に計画的に修繕を進めておけば、トラブルに至る前に問題を解決することができ、結果として費用も安く上がります。人間の体のケアと同じです。

◆対応が遅れると、想定外の費用がかかることに

修繕は、対応が遅れるほど状況が悪化し、修繕費用も高額になっていきます。一つ、事例を紹介しましょう。ご兄弟で相続を受けた空室の多い1棟マンションのケースです。お話を伺うと、築30年の物件は、今まで一度も大規模修繕をしていないとのこと。まずは建物の状態を調査したところ、いろいろと補修が必要な箇所が見つかりました。

中でも建物屋上からの雨漏りと外壁面のヒビが問題で「このままではいずれ大きなトラブルになるので、すぐに修繕しましょう」と提案したのですが、弟様が修繕に反対していたため、その後3年間も放置されてしまいました。

結果、雨漏りが進行し、ついに大掛かりな修繕が必要に。本来であれば100万円程度で済むはずだった修繕の費用が、対応が遅れたため700万円以上に跳ね上がってしまいました。

②定期的な修繕が建物を長くもたせる

建物や設備の耐用年数は部位ごとに左表のような目安があります。定期的にメンテナンスを行い、不具合があれば大事になる前に修繕するようにしましょう。

ちなみに、大規模修繕工事は、建物の状況により異なりますが、一般的には新築から15年程度で最初の工事を実施することが望ましいとされています。これについては、新築時から工事を行うことを想定し、必要な費用を見込んでおくべきでしょう。

修繕周期の目安

	部位	周期	大規模修繕	小規模修繕
建物	屋根	塗装：11年～20年目	○	
建物	外壁	塗装：11年～20年目	○	
建物	ベランダ 階段・廊下	鉄部塗装：5年～10年目 防水処理：11年～20年目	○	○
その他	排水管	交換：30年～40年目	○	
その他	給水管	交換：30年～40年目	○	
その他	建具 （玄関扉・シャッター）	交換：30年～35年目	○	○
その他	エレベーター	交換：30年～35年目	○	

（注）工事周期の幅は使用する部材・材料・設備等のグレードにより異なるため、幅をもたせて表記しています。

◆15万円を惜しんで300万円の修繕費用が必要に

定期的なメンテナンスを怠ったために、修繕が高額になったケースもあります。

排水管は定期的に洗浄を行わないと詰まってしまい、場合によっては管ごと取り替える工事が必要になります。ところが、あるオーナーのマンションでは、排水管洗浄の出費を惜しんで洗浄を行なっていませんでした。その結果、とうとう排水管が詰まってしまい、修繕に300万円以上も支出することになったのです。

修繕の間は水道が利用できないため、入居者の生活に大きな支障をきたします。すると、それを機に2部屋の入居者が退去してしまいました。

排水管洗浄の費用は、建物全体でせいぜい15万円程度。15万円を惜しんだために結局300万円の修繕をする羽目になるとは、本末転倒です。

いずれやらなければならない修繕であれば、大きな問題が生じる前にやっておくこと。定期的なメンテナンスを怠らないこと。それが修繕費用を低く抑えるコツです。

【爆裂】にご注意！ 廊下の天井が爆裂していたマンション事例

「爆裂」が起きてしまった場所の補修工事の様子

鉄筋コンクリート造の場合、内部の鉄筋にまで雨漏りが達してしまうと「爆裂」という大きな問題が起きてきます。コンクリート内に水が入ることで鉄筋が錆びて膨張し、周囲のコンクリートを中から壊してしまうのです。こうなるとすぐに対応が必要になります。

COLUMN

建物の情報はきちんと保管を

建物を長く活用するためには、新築時の図面等の情報を保管し、いつでも見られるようにしておくことが大切です。特に検査済証は建物の用途変更や増築を行う場合に必要となります。また、竣工図面は修繕や改良工事のベースになる、大事なものです。

修繕工事や点検を行った際は、その都度、履歴を残しておくことが大事です。また、紙の資料は紛失しやすく、経年で劣化していくという問題もあるため、データで残しておきましょう。

修繕履歴・修繕計画の記録例

単位(万円)

建物名	○○マンション
活用目標年数	70年
目標	適切に改良を実施し入居率95%維持
作成日	2023年2月6日
作成者	山田

建築年	1990年
建築費	1.6億円
施工会社	○○建設
資料	竣工図、検査済証
資料保管場所	机の引き出しとパソコンにPDFで保管

	修繕履歴　箇所と金額			
	2002年(築12年)		2009年(築19年)	
屋根			防水	100
床 バルコニー等			防水	300
外壁			タイル・下地補修	400
鉄部	塗装	50	塗装	100
EV				
配管				
その他				900
工事費 予算				
施工会社 担当者 電話番号	○○工務店 渡辺 03-xxxx-xxxx		○○工務店 佐藤 03-xxxx-xxxx	

保管するべき情報

時期	内容
新築時	確認済証と確認申請書副本
	検査済証
	竣工図面(建築図面、設備図面等)
修繕・点検時	修繕・改修工事の記録
	点検・法定検査記録

◆30年以上修繕せず、空室が増加

以前「空室が多くて困っているようなので、一度見てほしい」と、金融機関からご相談いただいたケースがありました。

場所は神奈川県の大和市で、駅から歩いて14分の物件です。周囲はアパートが多いのですが、この建物は鉄筋コンクリート造のしっかりとした建物で、希少価値がありました。築年数は32年、4階建てで18室という賃貸マンションです。

オーナーは70歳。ご自身で建物を建て、それから32年間まったく修繕をしていなかったといいます。

管理会社は「修繕した方がいいですよ」とお伝えしていたそうですが、オーナーから「修繕すれば空室が決まるのか」と言われて、強く勧めることができなかったそうです。

修繕しないから空室が増え、空室が多いからお金がなくて修繕できないという悪循環で、結局、金融機関から当社に相談があり、現地確認に伺ったという流れでした。

◆剥げ落ちる外壁タイル

現地を見に行ったところ、環境や日当たりが良い立地で、一見すると建物自体にも大きな問題はないように見えましたが、建物の側面を見ると外壁のタイルが剥がれ落ちていました。この有り様では入居者が入らないのも当然と思われました。

しかし、オーナーに聞くと「空室が多いから修繕ができない」とおっしゃいます。

現地確認後、オーナーには「修繕をきちんとしていないことが、入居者が入らない原因です。このままだと、賃貸マンションとしての経営が成り立たなくなりますよ」と申し上げました。同時に、お客様を紹介してくれた金融機関にも現状を説明し、「このまま修繕を進めないと、借入金の返済もできなくなってしまいます」とお伝えしました。

現状は空室が多いために賃貸経営の収支は赤字で、通常なら融資が受けられないケースでしたが、「この物件であれば、修繕をきちんとすれば満室になる」という当社としての見通しを伝え、修繕のための融資をしていただいたのです。

◆「空室が多いから修繕ができない」は逆

「空室が多いから修繕ができない」というのは、きちんと修繕をしていない賃貸オーナーの方からよく聞く言葉です。しかし、それは逆なのです。修繕をしていない物件は空室が埋まらないし、しっかり修繕すれば空室は埋まることがほとんどです。

この大和市の物件の場合、新たな２０００万円の借入金をもとに、大規模修繕を行うことになりました。それまで何もしていなかった分、通常の修繕に比べると費用がかかってしまいましたが、融資のおかげで無事に完了。その上で入居者の募集をかけると、今度はほどなく満室になりました。

③まずは建物診断から始めよう

修繕計画は、分譲マンションの場合であれば、管理組合や管理会社が立てています。部位ごとに詳細な修繕履歴を残し、将来的な修繕計画を立てている管理組合が多いでしょう。しかし、賃貸マンションの場合、個人で修繕計画を立てるのは大変です。調査データによると、大規模修繕計画を立てている賃貸オーナーは全体の約17％しかいません。

ここまで本書を読まれてきて、

「修繕計画？　うちの物件、そんな計画ないんだけど」

と不安に思われた賃貸オーナーの方もおられるかと思いますが、これからでも遅くはありません。まず最初の一歩として「建物診断」から始めましょう。

建物診断とは、室内を除く建物を対象として、劣化や痛み、不具合が出ている部分を見つけ、その状態を調べること。いわば人間ドックの建物版です。

◆築15年を過ぎたら定期的な建物診断を

そもそも建物の劣化は、教科書どおりには進まないものです。

新築時の施工品質によっても変わってきますし、立地条件により劣化の進行度合いもさまざまです。

教科書は一応の参考にはなるのですが、物件による差が大きいので、定期的に診断するのが一番よいと言えます。建物診断後は報告書を作成してもらい、今の状態を確認し、必要なところから修繕を実施していくのです。

当社では築15年を超えたら、3年に1度は建物診断を実施することをお勧めしています。

◆修繕は優先順位をつけて実施する

修繕では建物診断で部位ごとに劣化の状態や対応の緊急性を診断し、優先順位を付けて行うことがポイントです。

Aランク・Bランク・Cランクといったように緊急度を分けて、それぞれに必要な工事費用の大まかな見積もりをつけ、「すぐ工事した方がよい箇所」「数年以内に工事すべき箇所」と、オーナーが優先順位をつけて工事できるように一覧にしてもらいます。

建物診断で「すぐに修繕が必要」と判断された箇所については、早急に対処しなくてはいけませんが、その時々の経営の状態によって「今回は緊急の箇所だけ」とか、「今回は数年分をまとめて」というように、工事内容を決めていけばいいのです。

当社では、建物診断後に修繕の必要箇所や、緊急度などをわかりやすくまとめた報告書をオーナーにお渡ししています。

次ページの表は建物診断書の例です。どこが緊急なのか優先順位がわかるようにしています。

現場調査　**写真帳票**		
No.	撮影箇所	添付写真欄　撮影日（ ●●●●/●/● ）撮影者（●●）
1	●階 ﾀｲﾙ部分 タイルの浮き	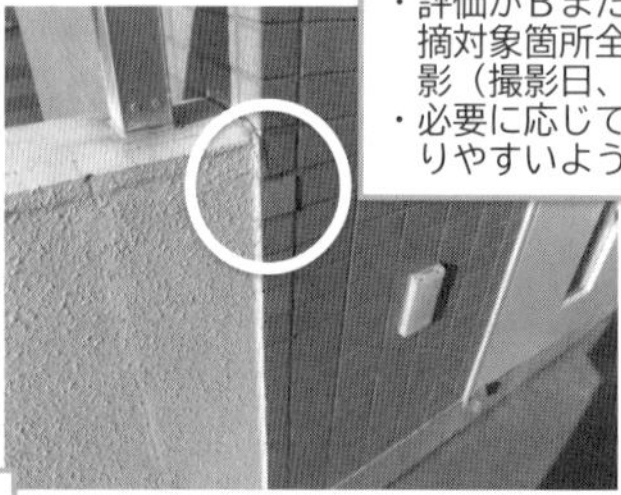
2	●●●号 出窓庇 爆裂	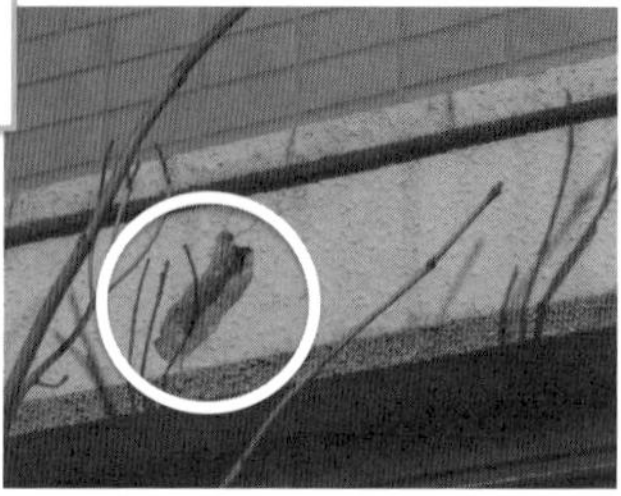
3	●●●号 出窓下部 ひび割れ	

・評価がBまたはCとなった指摘対象箇所全ての 写真を撮影（撮影日、撮影者を記入）
・必要に応じて指摘箇所がわかりやすいよう〇で囲む

対象箇所が明確にわかるように階数や部屋番号、場所を記入

調査結果

調査部位の調査項目を全て確認し、指摘事項の有無（指摘箇所は〇で囲む）及び評価（A～C）を記入

調査部位	調査項目	該当無	指摘無	指摘有	評価
基礎 （構造）	・幅 0.5mm 以上のひび割れ　・深さ 20mm 以上の欠損 ・コンクリートの著しい劣化　・鉄筋の露出 ・さび汁を伴うひび割れ、欠損（エフロレッセンスを含む）	–	–	–	□A □B □C
床 （構造）	・著しいひび割れ				□A □B □C
柱・はり （構造）	・著しいひび割れ ・柱の著しい傾斜	–	–	–	□A □B □C
外壁 （構造）	コンクリート打放し又は塗装仕上げ部分 ・幅 0.5mm 以上のひび割れ　・深さ 20mm 以上の欠損 ・コンクリートの著しい劣化　・鉄筋の露出 ・さび汁を伴うひび割れ、欠損（エフロレッセンスを含む）	□	□	✔	□A □B ✔C
	・タイル仕上げ（湿式工法）部分又は塗装仕上げ部分 ・下地材まで到達するひび割れ、欠損、浮き、はらみ、剥落 ・複数のタイルにまたがったひび割れ、欠損、浮き、はらみ ・仕上げ材の著しい浮き	□	□	✔	□A ✔B □C
外壁 （雨水）	・シーリング材の破断、欠損 （開口部、笠木及びバルコニー等との取合い部を含む） ・建具の周辺の隙間、又は建具の著しい開閉不良	□	□	✔	□A ✔B □C
屋根 （雨水）	・防水層の著しい劣化、ひび割れ、欠損、又は水切り金物等の不具合（屋上、ルーフバルコニー、バルコニー、共用廊下を含む）	□	□	✔	□A □B ✔C
バルコニー 共用廊下 （構造）	・支持部材、床の著しいぐらつき、ひび割れ、劣化 （さび汁、エフロレッセンス又は鉄筋の露出を含む）	□	□	✔	□A ✔B □C
バルコニー 共用廊下 （雨水）	・防水層の著しいひび割れ、劣化若しくは欠損	□	□	✔	□A ✔B □C
内壁 （構造・雨水）	・幅 0.5mm 以上のひび割れ　・深さ 20mm 以上の欠損 ・コンクリートの著しい劣化　・鉄筋の露出 ・さび汁を伴うひび割れ、欠損（エフロレッセンスを含む）、雨漏り跡	□	✔	□	□A □B □C
天井 （構造・雨水）	・コンクリートの著しい劣化　・鉄筋の露出 ・さび汁を伴うひび割れ、欠損（エフロレッセンスを含む）、雨漏り跡	–	–	–	□A □B □C
鉄部	・塗装の著しい劣化	□	□	✔	□A ✔B □C
その他	・外部廊下天井脇で爆裂箇所が散見される。早急な対応が必要 ・陸屋根の笠木顎下の爆裂が目立つ。階屋根と同様、防水対策が必要 ・スレート屋根の一部に劣化がみられた。				

評価A：比較的良好な状態
評価B：修繕の計画及び実施が必要な状態
評価C：早急な修繕実施が必要な状態

上記項目に入っていないが
指摘すべき事項などを記入

1

◆建物診断で修繕費用を節約できることも

時には診断をしてみたら、「思っていたよりも施工がしっかりしていて、すぐには大きな工事はしなくていい」という結論になることもあります。

当社が管理していた物件でも、そのような事例がありました。築30年の木造2階建てのアパートで、「2階の部屋の入口の壁から、水がポタポタ垂れている」と入居者の方から当社に連絡があり確認に行くと、確かに目視でわかるような水漏れがありました。

原因は不明でしたが、それまで30年間、何も大規模修繕をやってこなかったらしい（修繕履歴がなかったので真偽は不明）ということで、オーナーは「これはいよいよですね」と大規模修繕を覚悟し、そのために必要な資金、数百万円を用意されていました。

しかし、修繕を実施する前に、当社の勧めで建物診断をしてみたところ、「雨漏りはたまたまコーキングに隙間があっただけで、おそらく数年間は修繕しなくても大丈夫」ということがわかったのです。数百万円を用意していたのに、数万円の費用で修繕を行うことができ、「3年後に改めて建物診断をしましょう」ということになりました。

このケースの場合、建物診断をせずに工事会社に修繕の依頼をしていたら、大規模修繕工事となって、500万円ぐらいの費用がかかっていたのではないかと思います。

④大規模修繕費用の目安

さて、気になる費用ですが、当社ではワンルームマンションの建物本体にかかる大規模修繕費用は、大まかに1部屋月5000円に新築時からの経過月数を掛けた金額が目安だと申し上げています。

5000円×12ヶ月×20年
＝
120万円／1室

大規模修繕が行われるのは築後20年前後ですが、その場合、一部屋当たりの修繕費用の目安は5000円×12ヶ月×20年で120万円になります。10部屋のアパートでは、1200万円になる計算です。

修繕費は、構造や規模によっても変わってきます。主な工事費といつ頃、どのくらいの費用がかかるのか、建物の構造やタイプ別に1戸あたりの目安を次ページにて一覧表にしました。

また、部位ごとの主な工事の単価の目安についても掲載しておりますので併せて参考にしてください。

(単位:円/戸)

21~25年目 金額	26~30年目 金額	31~35年目 金額	36~40年目 金額	合計
0	40,500	0	437,700	801,700
206,200	206,200	427,900	576,800	1,655,400
17,300	17,300	17,300	143,800	374,100
223,500	264,000	445,200	1,158,300	2,831,200

21~25年目 金額	26~30年目 金額	31~35年目 金額	36~40年目 金額	合計
0	82,200	0	959,200	1,667,900
271,300	271,300	548,600	891,100	2,431,100
17,300	17,300	17,300	207,000	500,500
288,600	370,800	565,900	2,057,300	4,599,500

5年毎の1戸あたり修繕費の目安(木造・軽量鉄骨造)

(注)修繕費は建物の状況や修繕の進め方によって異なります。
一般的な修繕費の目安としてご利用ください。

シングルタイプ

部位		6~10年目	11~15年目	16~20年目
		金額	金額	金額
建物本体	屋根　外壁　ベランダ 階段廊下　雨樋	40,500	0	283,000
室内設備	給湯　エアコン　浴室設備 トイレ　キッチン　洗面化粧台	29,800	29,800	178,700
その他	排水管　給水管　外部建具 外構	17,300	17,300	143,800
1戸あたりの修繕費の合計		87,600	47,100	605,500

ファミリータイプ

部位		6~10年目	11~15年目	16~20年目
		金額	金額	金額
建物本体	屋根　外壁　ベランダ 階段廊下　雨樋	82,200	0	544,300
室内設備	給湯　エアコン　浴室設備 トイレ　キッチン　洗面化粧台	35,400	35,400	378,000
その他	排水管　給水管　外部建具 外構	17,300	17,300	207,000
1戸あたりの修繕費の合計		134,900	52,700	1,129,300

・(公財)日本賃貸住宅管理協会「賃貸住宅版　長期修繕計画案作成マニュアル(改訂版)」を基に工事実績を加味して作成。
・2014年時点のモデルで、実際には戸数・時期によって金額の増減が考えられます。消費税は別途です。
・シングルタイプは1K(21㎡)　＊10戸、ファミリータイプは3DK(50㎡)　＊10戸をサンプルにしています。
・排水管、給水管の交換費用は含まれていません。

(単位:円/戸)

21~25年目 金額	26~30年目 金額	31~35年目 金額	36~40年目 金額	合計
0	69,200	0	471,000	1,080,400
252,200	252,200	542,900	691,800	1,977,400
17,300	17,300	17,300	143,800	374,100
269,500	338,700	560,200	1,306,600	3,431,900

21~25年目 金額	26~30年目 金額	31~35年目 金額	36~40年目 金額	合計
0	150,100	0	935,300	2,170,800
317,300	317,300	663,600	1,006,100	2,753,100
17,300	17,300	17,300	207,000	500,500
334,600	484,700	680,900	2,148,400	5,424,400

5年毎の1戸あたり修繕費の目安(鉄筋コンクリート造・重量鉄骨造)

(注)修繕費は建物の状況や修繕の進め方によって異なります。
一般的な修繕費の目安としてご利用ください。

シングルタイプ

部位		6~10年目	11~15年目	16~20年目
		金額	金額	金額
建物本体	屋上　外壁　ベランダ 階段廊下　雨樋	69,200	0	471,000
室内設備	給湯　エアコン　浴室設備 トイレ キッチン　洗面化粧台	29,800	29,800	178,700
その他	排水管　給水管　外部建具 外構	17,300	17,300	143,800
1戸あたりの修繕費の合計		116,300	47,100	793,500

ファミリータイプ

部位		6~10年目	11~15年目	16~20年目
		金額	金額	金額
建物本体	屋上　外壁　ベランダ 階段廊下　雨樋	150,100	0	935,300
室内設備	給湯　エアコン　浴室設備 トイレ キッチン　洗面化粧台	35,400	35,400	378,000
その他	排水管　給水管　外部建具 外構	17,300	17,300	207,000
1戸あたりの修繕費の合計		202,800	52,700	1,520,300

・(公財)日本賃貸住宅管理協会「賃貸住宅版　長期修繕計画案作成マニュアル(改訂版)」を基に工事実績を加味して作成。
・2014年時点のモデルで、実際には戸数・時期によって金額の増減が考えられます。消費税は別途です。
・シングルタイプは1K(21㎡)　＊10戸、ファミリータイプは3DK(50㎡)　＊10戸をサンプルにしています。
・排水管、室内給水管、エレベーターの交換費用は含まれていません。

主な工事の単価表

	部位	単価の目安		
建物	屋根	傾斜屋根塗装	2,000~4,000円／㎡	
		陸屋根塗装	3,000~5,000円／㎡	
	外壁	塗装・補修	1,600~2,800円／㎡	
	ベランダ・階段・廊下		シングルタイプ	ファミリータイプ
		鉄部塗装	32,000円／戸前後	40,000円／戸前後
		防水処理	48,000円／戸前後	70,000円／戸前後
室内設備	給湯器	交換	7~25万円／台	
	エアコン	交換	7~20万円／台	
	浴室設備	ユニットバス交換	50~100万円	
	キッチン	システムキッチン交換	25~70万円	
	洗面化粧台	交換	10~20万円／台	
	トイレ	交換	10~20万円／台	
	排水管	交換	36万円／戸前後	
	給水管	交換	38万円／戸前後	
	建具（玄関扉・シャッター）	玄関扉交換	10~30万円／枚	
		シャッター交換	5~20万円／枚	
その他	エレベーター	交換	1,000~1,500万円前後／台	

（注）工事単価は使用する部材・材料・設備等のグレードにより異なるため、幅をもたせて表記しています。

⑤修繕はどこに頼むのがよいのか

修繕工事については、本来であれば、その物件を新築した施工会社にお願いできると、過去の図面や資料が残っていたり、アフターサービスの一環として親身に対応してくれることが多いので、有利でしょう。

ですが、もしも新築の際の施工会社に修繕の経験があまりないようなら、物件の管理を行っている管理会社などに相談して、賃貸用物件の修繕工事の実績のある会社を紹介してもらうといいでしょう。というのも修繕工事は、新築工事と工事内容が大きく異なるからです。

◆修繕工事の経験のある業者を選ぶ

新築の場合は入居者がいないので、住人に配慮する必要はありません。しかし修繕は入居者がいる中での工事となるため、経験のある業者でないと何かとトラブルが起こりがちです。

また、新築時の工事が図面通りに行われていないことも多く、修繕の現場では「実際に工事を始めてみたら、図面と現物が違っていた」ということがしばしば起きます。そういう場合は「図面とは違うけど、おそらくこうなっているだろう」と推測を働かせ、手探りで実情に合わせて施工することになります。修繕工事にはそうしたノウハウも必要で、四角四面ではうまくいかないのです。

建物の修繕は周期に合わせて、計画的に行う必要があります。一時のコストにこだわるより、長くお付き合いできる、信頼できる工事会社を選びましょう。

ポイントは予算と納期を管理して、きちんと仕上げてくれること。また工事後に不具合を新たに発見したときに、責任をもってやり直してくれるかどうかも大切です。工事後の保証期間やアフターサービスの内容は、契約時に書面に明記してもらうようにしましょう。

2 入居者ニーズに応える「改良工事」

ここまでお伝えしてきた修繕工事は「マイナスをゼロにする」ものでした。ここからは、入居者ニーズに合わせて「ゼロをプラスにする」、改良工事についてお話しします。

改良とは

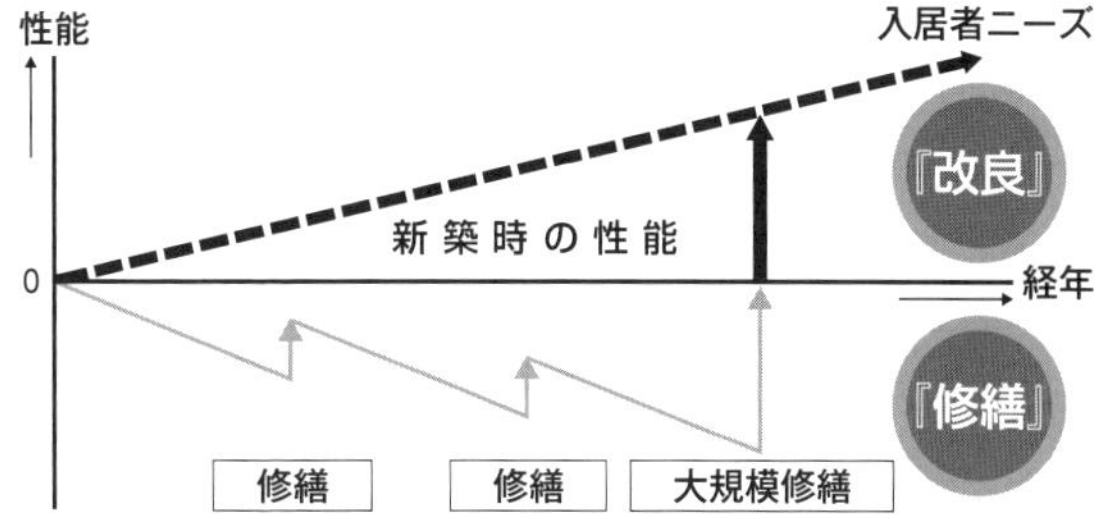

改良工事とは

改良工事とは、時代のニーズに合わせて建物の外観や機能をグレードアップすることです。入居者のニーズは、時代により変化し、要求レベルは年々上がっています。したがって過去の需要に合わせて造られた建物を、最新の需要にできるだけ近づけていく作業が、改良工事ということになります。

代表的な3種の改良工事

改良工事は大きく分けて、次の3種類があります。

A　デザイン改良
B　設備・機能改良
C　間取りの改良

入居者ニーズに合った改良工事は、その物件の特徴を踏まえ、想定する入居者ターゲットや費用対効果を考えて工事内容を決めます。入居者と接点の多い仲介会社などにも意見を聞き、現在の入居者ニーズに沿ったデザインや設備を取り入れるとよいでしょう。

A　大きく印象が変わる「デザイン改良」

当社では費用対効果の面から「色」と「照明」を使ったデザイン改良をお勧めしています。とくにエントランス（入口）周辺の共用部は、物件の第一印象を決定しますので、まずはこの部分をどうするか考えましょう。

壁と階段、扉の塗装の色を変えたり、ポストを明るい色のものに交換したりするだけでも印象は変わります。

共用部のデザイン改良は、大規模修繕と同時に行うのが効果的です。たとえば外壁塗装をする際に、流行のカラーデザインや想定する入居者の好む色を選べば、同じコストで印象を良くすることができます。

共用部とともに、各戸の室内（専有部）のデザイン改良も行いましょう。

当社は原状回復工事であっても、ただ元の通りに戻すことはしていません。何も考えずに元通りに戻していると、築20年の物件であれば、20年前のセンスの内装になってしまうからです。

間取り変更など特別な工事をしなくとも、原状回復の際にクロスの色や巾木の色を変更するなどのちょっとした工夫を行うだけで、印象が良くなり、選ばれる物件にすることができます。

人気設備ランキング

「この設備があれば周辺相場より家賃が高くても入居が決まる」

単身者向け		ファミリー向け	
1位	インターネット無料	1位	インターネット無料
2位	エントランスのオートロック	2位	追いだき機能
3位	高速インターネット（1Gbps 以上）	3位	エントランスのオートロック
4位	宅配ボックス	4位	高速インターネット（1Gbps 以上）
5位	浴室換気乾燥機	5位	システムキッチン
6位	独立洗面台	6位	宅配ボックス

出典：2022年株式会社全国賃貸住宅新聞社 調べ

B　利便性を高める「設備・機能改良」

入居者ニーズの高い設備を導入することで、入居率の改善や賃料アップが期待できます。

上の表は「賃料が上がっても欲しい設備は何か」という調査をもとに作成された、人気設備のランキングです。

こうした調査を参考に、最新の設備のトレンドを踏まえ、同じ投資額でもできるだけ費用対効果の高い設備・機能への改良を実現しましょう。

代表的な人気設備として「エントランスのオートロック」がありますが、完成後の建物にオートロックを導入するには大がかりな工事が必要で、多額の費用がかかります。

一方、オートロックに近い機能を持つ「TVモニターつきインターフォン」は、単身者・ファミリーのどちらにも人気が高く、オートロックに比べ安価で設置工事も簡単なので、費用対効果に優れています。

「システムキッチン」も単身者・ファミリーともに人気の設備ですが、単身者向けの場合は、ガスコンロ付きのシステムキッチンにするよりコンロをIHに変更するだけで、費用をかけず高い効果が見込めます。

費用対効果が高い点でいえば、今の時代ニーズの高い「宅配ボックス」も設置スペースがあれば積極的に導入したい設備です。

C　ライフスタイルに合わせた「間取りの改良」

時代により人々のライフスタイルは変わり、賃貸物件に求められる間取りも変わっていきます。

築30年以上の物件には「田の字」「団地型」と呼ばれる間取りがよくみられます。夫婦と子供2、3人のファミリー層を想定し、2DK、3DKなど小さな個室を多く取ったつくりです。

新築当時は人気のあったこうした間取りも、少子化が進んで家族の人数が減り、単

身者も増えた今日では、入居者のニーズと合わなくなってきました。

今の時点で人気があるのは、部屋数は少なくとも広いリビングやオープンなキッチンスペースのある間取りです。

2DKから1LDKへの間取り変更は、壁紙交換などのデザイン改良に比べてコストはかかりますが、空室対策としての効果は非常に高いものがあります。

あまり予算を掛けられないという場合には、先ずは、エントランス（入口）、ゴミ置場、駐輪場の3カ所に手を加え整備することをお勧めします。

この3カ所は、内見の際に入居希望者が最初に目にする「物件の顔」とも言える場所です。ここが汚なかったり乱雑な状態だと「管理が行き届いていない物件」だという印象を与え、入居をためらわせる原因になります。また、入居希望者を案内する仲介会社にもマイナスのイメージを与えてしまいます。

第一印象を大きく左右するこれら3カ所の改良を行うだけで、効果的に物件の魅力アップが可能です。

改良は費用対効果を考慮して、優先順位や時期を決めると良いでしょう。共用部、専有部ともに、本書の巻末で改良事例を紹介しているので、ぜひ一読ください。

改良工事費用の目安

「リフォーム」と聞くと「お金がかかる」=「経営にマイナス」と連想しがちです。しかし、長期活用の過程で入居者に選ばれ続けるためには、古臭く感じられないよう、その時々のトレンドに合わせて建物の内外をアップデート（更新）していく必要があります。

とはいえ、新築と競合する必要はありません。費用をかけすぎて収益が悪化するようでは本末転倒です。多額の費用をかけなくても、入居促進につながる対策はあります。

上の表は、ここまでにご紹介した改良工事の費用の目安を一覧にしたものです。建物の構造や規模、選ぶ設備のグレードによっても変わってきますが、一般的な改良費の例として参考になさってください。

改良工事費の目安

共用部	エントランス	ポスト(8戸分)	15万円
		宅配ロッカー(1区画)	5~10万円
	駐輪場	屋根付き自転車置き場(8台分)	27万円
		駐輪用白線(8台分)	4.5万円
	ゴミ置場	フタ付ゴミストッカー(8戸分単身用)	16万円
		フタ付ゴミストッカー(8戸分ファミリー用)	22万円
専用部	間取り変更	3DK→2LDK	30万円
		2DK→1LDK	30万円
		和室(6畳)→洋室または樹脂畳	洋室50万円 樹脂畳12万円
		3点ユニット→浴室+洗面+トイレ	140万円
		3点ユニット→独立トイレ+シャワーブース	75万円
	水回り変更	キッチンセット→システムキッチン	40万円
		屋外洗濯機置場→屋内洗濯機置場	15万円(床工事別途)

修繕前、13万円だった賃料が、修繕＋改良工事で21万円に！

【物件概要】

世田谷区　鉄筋コンクリート造3階建て　1974年築
総戸数：18戸（1LDK・3LDK）

【共用部の改良】

外壁を明るく塗り替え、エントランスのタイルを張り替える工事を行ないました。また、敷地に余裕があったので自転車置き場を整備。

【専有部の改良】

賃料を大きく上げるために全面的にリフォーム。まず、水回りの設備を最新のものに交換。キッチンは、かつては壁付けタイプが人気でしたが、今のトレンドに合わせ対面キッチンに変更しました。壁の色は明るい白で統一し、築49年という古いイメージを払拭しています。

【改良後】

修繕前に13万円だった賃料が、修繕をしっかりと行ったことで16万円になり、さらに改良工事を追加したことで、現在は21万円にアップしています。単に修繕だけではなく、今の時代に合わせた改良を行うことにより、今の時代にあった賃料を得られるようになりました。

この物件ではすでに何室も同じ内装工事を行なっており、それにより、入退去があった場合も高い賃料を維持できています。

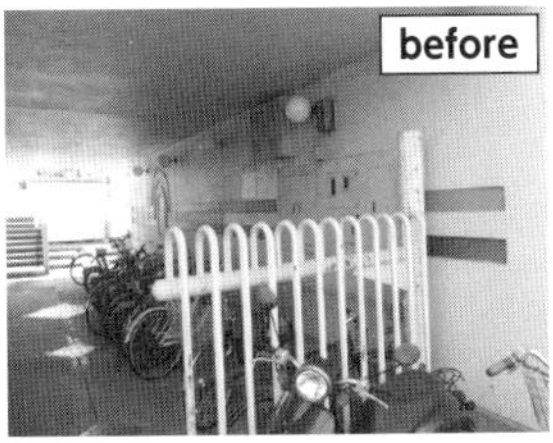

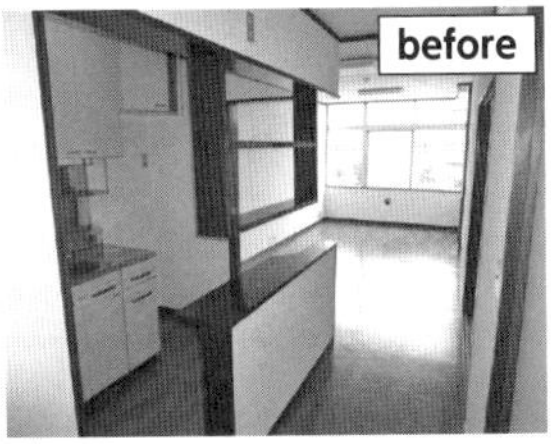

巻末のカラーページでご紹介していますのでご参照ください。

改良工事により、7万5000円だった賃料が10万2000円にアップ！

【物件概要】

世田谷区　木造2階建て　1976年築　総戸数6戸
【共用部の改良】

もともとの造りを活かし、白の外壁塗装と木の温もりが特徴的な外観に変更しました。雑然としていた自転車置場も駐輪ラインを引き、整然と停められるように整備しています。

【専有部の改良】

和室の畳の床をフローリングにし、2DKだった間取りを1LDKに変更。木の柱はそのまま残し、天井は黒く塗って和モダンな雰囲気にしています。木造の良さを活かした内外装とすることで、結果的にリフォーム費用も安くなりました。

【改良後】

もともとの立地条件が良かったということもあり、改良工事により、それまで7万5000円だった賃料が10万2000円にアップしました。

→

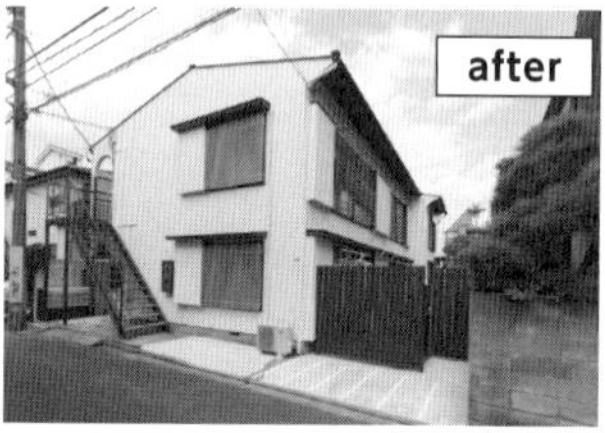

→

巻末のカラーページでご紹介していますのでご参照ください。

融資を活用した資金調達

大規模修繕や改良のために必要な資金調達の方法は2つです。

①計画的に貯める
②金融機関から借りる

ですが、計画的に資金を貯めているオーナーは少数派で、金融機関に融資を依頼するのが一般的です。

◆建物長期活用には金融機関のサポートが必要

大規模修繕や改良工事には、コストがかかります。その資金については、計画的に貯めておくのが一番ですが、そうでない場合は金融機関に頼ることになります。

多くの賃貸物件は築20年前後で、大規模修繕のタイミングを迎えます。新築当時は入居率も高く故障もなく、経営は順調であったかと思いますが、この頃になると空室が増え賃料も下落し、収支が悪化してくる物件が多くなります。

賃貸オーナーには「修繕やリフォームは自己資金でやらなければ」と思っている方が多いのですが、長期活用に対応するためには、ときに金融機関の利用も必要です。まずは資金調達について、管理会社か金融機関に相談することをお勧めします。

現在取引きをしている金融機関があれば、まずはそこに相談してみましょう。特に信用金庫や地方銀行など、日頃からコミュニケーションを取っている金融機関であれば、親身に相談に乗ってくれるでしょう。

◆上手に借り入れて経営安定化

かつては銀行も信用金庫も、建物の法定耐用年数を過ぎた物件にはなかなか融資してくれなかったものですが、I章でお話ししたように、最近はそれも変わりつつあります。

賃貸オーナーの中には、金融機関からの借り入れを増やすことに抵抗を感じる方が多いようです。「新たな借り入れを行うことは、借金を背負うということ」だと感じ、なるべく減らしたいと思っておられます。

しかし、建物長期活用のためには借り入れをうまく活用していくことが大事です。

賃貸経営の観点から見れば、金融機関と良好な関係を築き、必要に応じて借り入れを受けることで、キャッシュフローが極端に上下することがなくなり、経営の安定につながります。

必要な修繕や改良工事を適切なタイミングで進めていくことは、健全な賃貸経営に欠かせません。「大規模修繕はお金がかかるからやらない」というのが、一番よくありません。必要な修繕は借入を上手に活用するなどして実施するようにしましょう。

COLUMN

耐震補強にかかる費用は？

古い物件の耐震補強をどうするかは、難しい判断です。

昭和56（1981）年6月に制定された現在の耐震基準では、震度6強～7の大地震に対して、建物が損傷はしても崩壊はせずに、中にいる人の命が助かることを目標としています。しかし、それ以前の旧耐震基準で建てられた建物の多くは、その基準を満たしていない可能性が高く、対策が必要になります。

その場合、まずは耐震診断を受けることになります。

古い建物で図面や構造計算書がない場合、図面を起こすところから始めなくてはなりません。

●木造の場合
木造は構造が比較的単純なので、改めて図面を起こすことはさほど難しくありません。耐震診断は20万円ぐらいでできますし、自治体によっては助成金が付く場合もあります。

耐震補強工事は、全6室程度の木造の建物で費用はおおよそ600万円程度です。費用がかさむのは、耐震補強の場合はいったん室内の壁を剥がした上で、柱や筋交いなどの補強工事を行ない、再度、剥がした壁を元に戻す内装工事が必要だからです。

●鉄筋コンクリート造の場合
鉄筋コンクリート造は耐震診断そのものに大きな費用がかかります。耐震補強が必要となれば工事には数千万円の費用が必要なケースもあります。また、図面がない場合は、図面を作成するだけで1000万円単位の費用がかかる可能性があるので、オーナーの負担は少なくありません。

しかし、費用がかかるからと言って何もしなければ、何か問題が起きた時にオーナーの責任が問われることになります。これは大きな経営リスクと言えます。

これらについては、専門家に相談して、玄関、階段や廊下、エントランスなど重要なポイントをとりあえず先に補強するのも一つの手です。

第3章

安定した賃貸経営は「キャッシュフロー」を知ることからはじまる

事業において、キャッシュフローを把握することはとても重要です。賃貸経営も一つの事業です。にもかかわらず、キャッシュフローについて理解されているオーナーは少ないのが実情です。

特に賃貸経営は長期にわたる事業のため、将来の収支見込がどうなっているのかを把握していなければ、健全な賃貸経営はできません。

本章では、賃貸経営のキャッシュフローについてオーナーの皆さまに知っておいていただきたいことをまとめました。

1 賃貸経営は「キャッシュフロー」を知ることが重要

キャッシュフローとは、文字通り「お金の流れ」のことです。

賃貸経営における「キャッシュフロー」とは、賃料収入を得て、そこから各種支払い（経費・金融機関への返済・税金など）を行う一連の流れのことで、その結果の余剰金がオーナーの手元に残るお金になります。

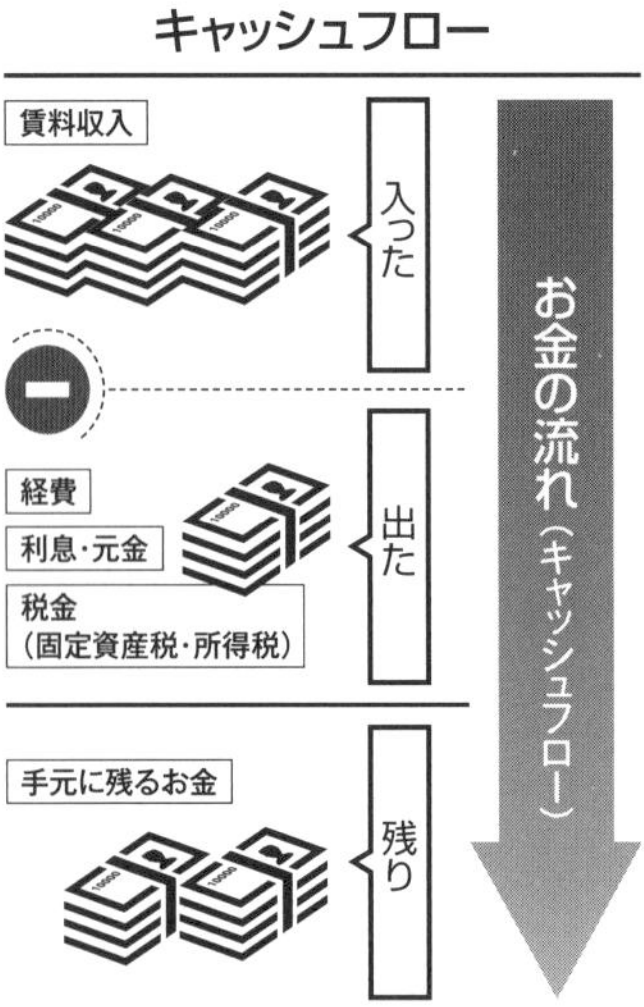

専業で賃貸経営をしているオーナーの場合、毎月の賃貸経営での収入＝生活費になっているケースも多いと思います。しかしここで気をつけなくてはいけないのは、入ってきた賃料収入が全て、生活費として使えるわけではないということ

です。

毎月の賃料収入と支出（経費や返済、税金など）をきちんと把握し、最終的に手元に残るお金がいくらなのか、さらには、将来的にどのタイミングで何のためにいくら必要になるのか、しっかりプランニングして貯蓄しておくことが大切です。

キャッシュフローには波がある

賃貸経営のキャッシュフローには特徴があります。それは、経年によって波があり、それによって、オーナーの手元に残るお金が大きく変動するということです。

「賃料収入はあるのに、お金が残らない」

「だんだん資金繰りが苦しくなってきて、今後の経営が心配だ」

築15年を超えたあたりから、このように感じるオーナーが増えてきます。

これは借入をして賃貸経営をする以上は避けられない現象で、どんなに堅実に経営をしていても、このような時期は訪れます。たとえ同じ賃料を得て、同じ金額を金融機関に返済していたとしても、10年目、20年目、30年目では手元に残るお金に大きな差が出るのです。

シミュレーションで苦しい時期を事前に把握

このキャッシュフローの波が一番落ち込むのは、築20年前後です。キャッシュフローは急激に悪化し、場合によってはマイナスに転じることもあります。

このような苦しい時期に「賃貸経営に失敗した。賃貸マンションを売りたい」とお考えになるオーナーも少なくありません。そうしたオーナーに共通しているのは、長期的なキャッシュフローの波についてご存知ないということです。

次頁のグラフが示すように、30年目、つまり建物新築時の借入金の返済が終われば、ぐんと収支が改善します。築20年前後が谷底で、この苦しい時期を乗り越えれば、また賃貸経営の恩恵を受けることができるのです。

まずは、このキャッシュフローの波を正しく理解することが重要で、先の見通しもなく漠然と賃貸経営をしていると、今が苦しいからという単純な理由で大切な資産を手放すことにもなりかねません。

ぜひ一度、ご自身の物件で将来のキャッシュフローをシミュレーションしてみるこ

賃貸経営のキャッシュフローシミュレーション

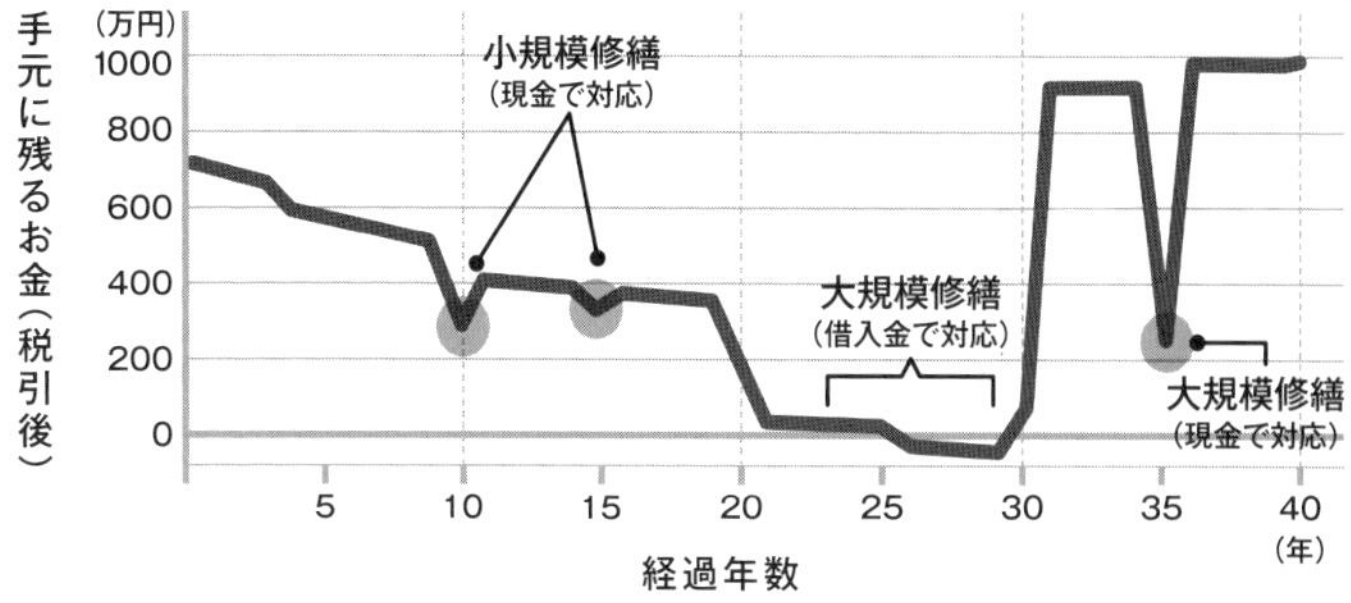

設定条件		
	建物	鉄筋コンクリート造3階建（1LDK×15戸）
	建築費	1.8億円
	借入金	1.8億円
	賃料	月額11万円／戸　10年ごとに7%下落
	入居率	95%

とをお勧めします。苦しい時期を事前に把握できれば、お金の準備ができますし、問題が起きた時でも適正な判断を下すことが可能です。

賃貸経営のお金の相談は不動産経営に詳しい税理士に

「お金のことは税理士さんにお任せしているから大丈夫」と思っていても、その税理士さんが不動産に詳しいかどうかで得られるアドバイスは大きく変わってきます。

　不動産経営に困ったときは、不動産に強く、信頼できる専門家に相談し、早めに対策を講じることが重要になります。

2 キャッシュフローに波ができる要因

では、なぜ賃貸経営のキャッシュフローには波ができるのでしょうか。その主な要因は3つあります。

①賃料の下落
②修繕費の増加
③所得税の増加

どのような影響があるのか？　それぞれご説明していきます。

賃料収入は10年間で約7%の下落

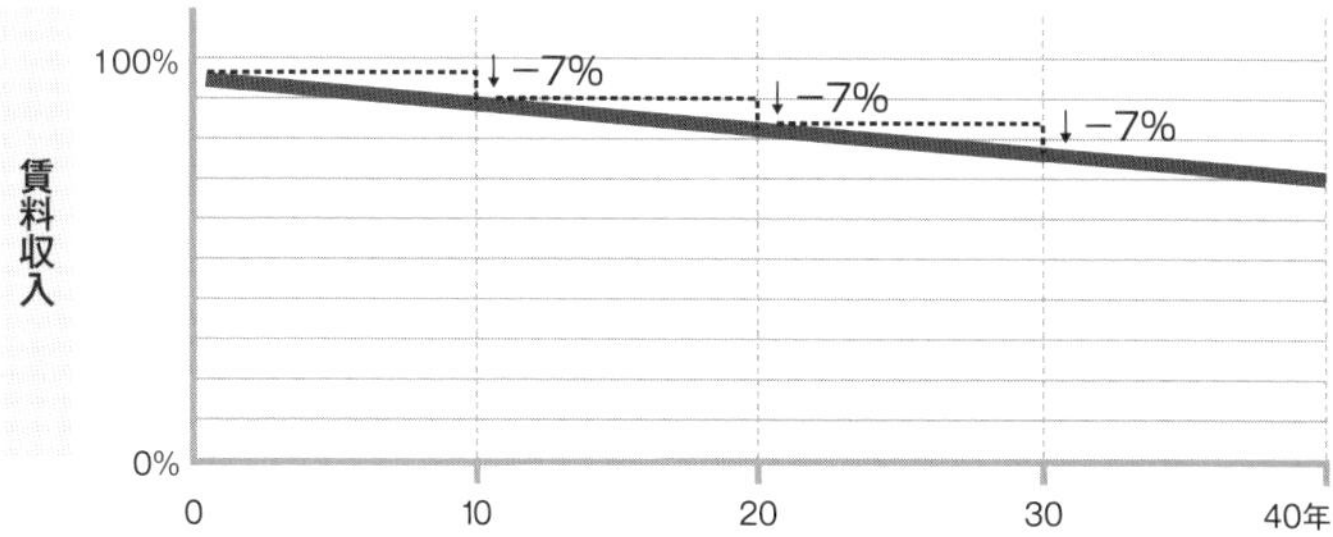

①賃料の下落
賃料は10年で7%程度下落する

1つ目の要因は、賃料の下落です。

一般的に、賃料は新築時が一番高く、その後は経年に従って徐々に下落していきます。当社のデータでは10年で平均7%程度、賃料が下落するという数字が出ています。

このように経年に伴い賃料が下落することにより、収入が年々減少し、キャッシュフローの悪化につながっていきます。

なお、この数字はあくまでもデータからみた平均であり、実際の賃料の下落幅は、物件ごとに差があります。前章でご紹介した当社の事例のように、適切な修繕や改良を実施している物件の場合は、築年数にかかわらず賃料を維持、あるいはアップしているケースもあります。

②修繕費の増加
増える修繕費。最大のピンチは大規模修繕

2つ目の要因は修繕費用の発生です。

建物は築年数が経つと次第に経年劣化していきますので、適宜、修繕を行っていく必要があります。

おおよそ築15年前後から、エアコン等の交換が必要になりはじめ、修繕費用が増加してきます。築20年前後には、外壁塗装や屋上防水などの大規模修繕が必要になります。足場をかけるような大規模修繕は非常に高額なので、キャッシュフローが大きく落ち込む要因になります。

修繕費の目安については第2章（P74〜）をご参照ください。

建物のメンテナンス時期の目安

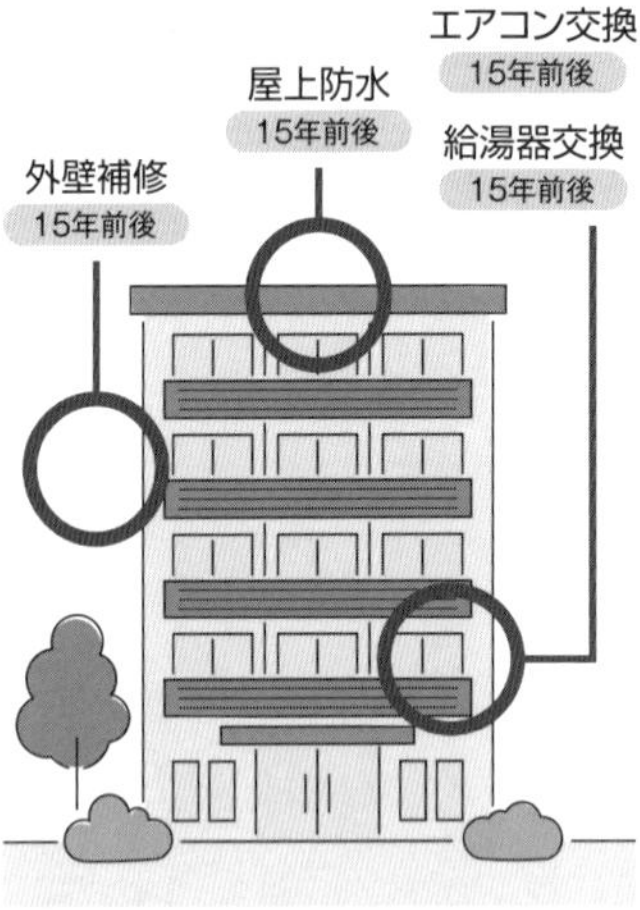

③所得税の増加
収入は変わらないのに増える所得税

3つ目の要因は、所得税の増加です。

先にご紹介した2つの要因、賃料の下落と修繕費の増加は、オーナー自身も金額を把握しやすいものです。しかし、③の所得税の増加は、会計処理上の問題なので目に見えず、なぜ手元にお金が残らなくなったのか、首をひねるオーナーも少なくありません。

これまでと収支が変わらないのに次第に所得税が増える理由は、築年数の経過と共に、これまで経費計上できていた借入金の利息や減価償却費などが減少するからです。経費が減った分だけ課税所得が増え、所得税も増えるというわけです。

◆元金は経費計上できない

賃貸マンションを建築した方の多くが、金融機関から借り入れをされています。「元利均等方式」で返済を行っている場合、金融機関からの借入金の返済額は毎月一定ですが、返済が進むに従い、返済額に占める利息の割合は減少していきます。

返済額に占める利息と元金の割合の変化

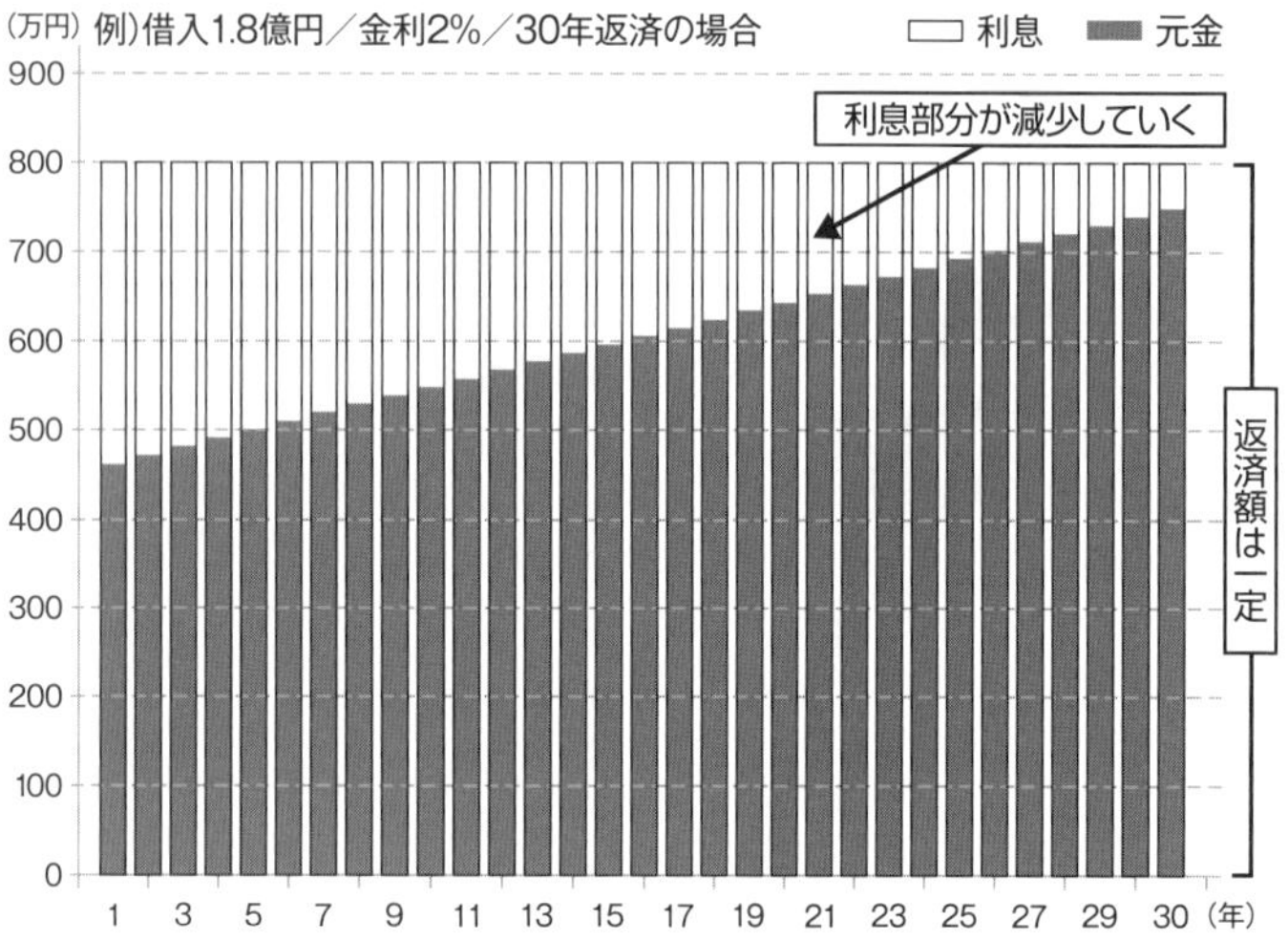

返済予定表

○○様

払込年月日			返済額	内訳		残高
年	月	日		元金	利息	
2018	1	26	7,975,000	4,430,000	3,545,000	175,570,000
2023	1	26	7,975,000	4,893,000	3,082,000	152,049,000
2028	1	26	7,975,000	5,405,000	2,570,000	156,066,000
2033	1	26	7,975,000	5,971,000	2,004,000	97,365,000
2038	1	26	7,975,000	6,596,000	1,379,000	65,660,000
2043	1	26	7,975,000	7,286,000	689,000	30,638,000

○○BANK

ご存じの通り、利息の支払いは経費計上できますが、元金の返済は経費計上できません。そのため、右表のように毎月の返済額は変わらなくても帳簿上の利益が増加し、課される所得税が増加するのです。

◆建物や設備の減価償却費が減少

減価償却とは、建物や設備の経年劣化による資産価値減少を数年に分けて経費として計上できる仕組みです。建物の場合、税法では建物の構造別に償却年数（法定耐用年数）が定められています。木造は22年、重量鉄骨造は34年、鉄筋コンクリート造は47年です。

設備の償却年数は種類によって異なりますが、おおよそ5年〜15年となっています。

新築当初は減価償却費が大きいのですが、経年により減価償却費は減っていきます。特に設備は償却期間が短く、約15年でほぼゼロとなりますから、築15年を過ぎたころから、減価償却費が減少します。

経費計上できる減価償却費が減ると、これまでと同じ収入を得ていても、課税所得が増えるため結果的に所得税が増加し、キャッシュフローの悪化につながるのです。

以上3つが、キャッシュフローに波ができる要因です。

建物と設備の減価償却期間

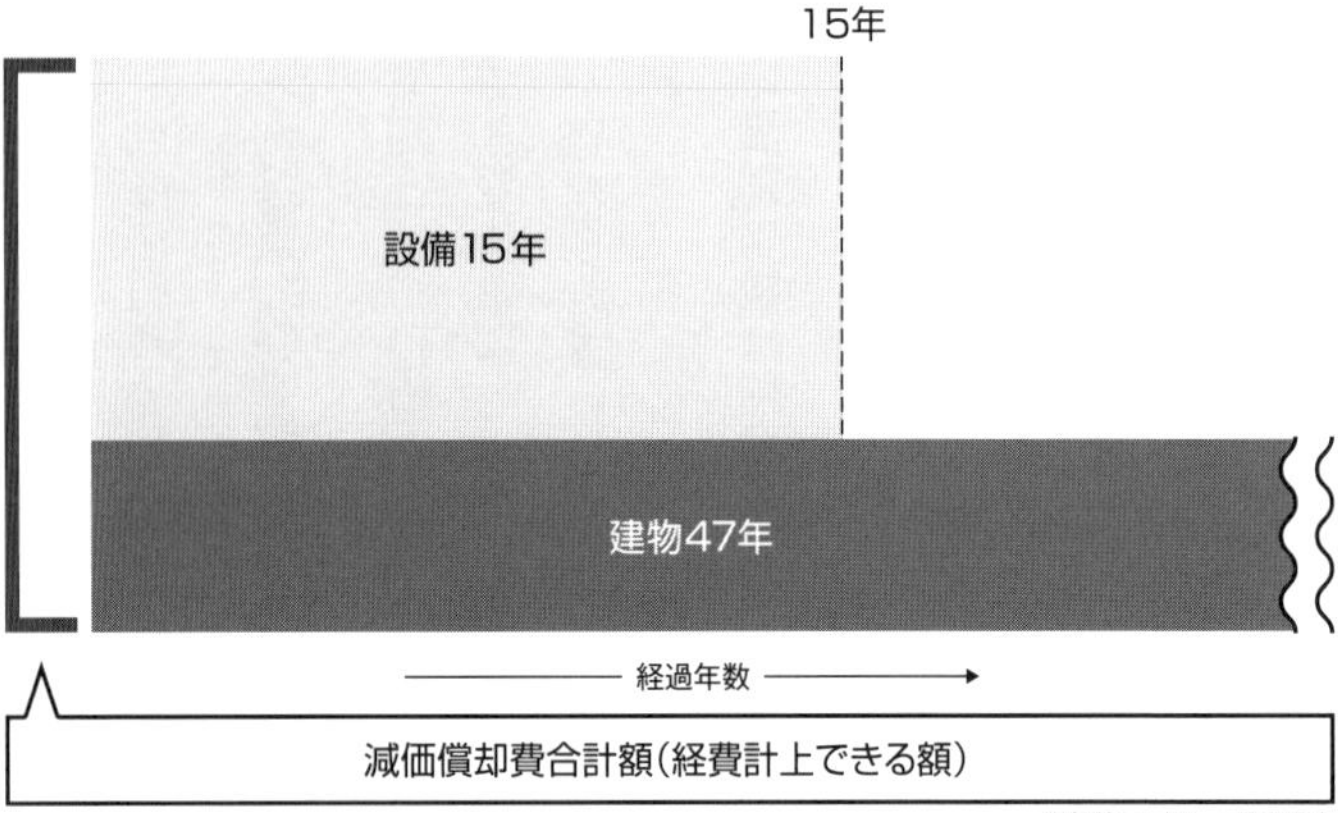

※鉄筋コンクリート造の場合

経費に算入できる減価償却費の比較(新築時と築15年経過後)

減価償却費の計算　(単位:円)

	減価償却資産の名称等	取得年月	取得価格(償却保証額)	償却方法	耐久年数	本年分の償却費合計	本年分の必要経費算入額	未償却残高
新築当初	建物	10.1	70,000,000	旧定額	47	1,386,000	1,386,000	28,614,000
新築当初	設備	10.1	30,000,000	旧定額	15	1,782,000	1,782,000	13,218,000
新築当初	合計					3,168,000	3,168,000	41,832,000
築15年経過後	建物	10.1	70,000,000	旧定額	47	1,386,000	1,386,000	28,614,000
築15年経過後	設備	10.1	30,000,000	旧定額	15	0	0	1
築15年経過後	合計					1,386,000	1,386,000	28,614,001

※青色申告決算書の「減価償却費の計算」ページの項目を抜粋しております。

帳簿上は黒字なのに倒産？

「黒字倒産」という言葉をご存知でしょうか。一般の事業でいう「黒字倒産」とは、帳簿上では利益が出ているにもかかわらず、資金繰りが悪化して手元資金が不足し、債務の返済ができずに経営破綻の状態に陥ることを言います。

賃貸経営でも、この「黒字倒産」状態に陥るケースがあります。賃貸経営における黒字倒産とは、キャッシュフローが悪化し帳簿上では利益が出ているのに、実際には手元にお金が残らず、賃料収入だけでは各種税金が払えない、金融機関への返済ができない、という状態に陥ってしまうことを指します。

借入金の元金は経費にならずに支出になることを意識していない方も多く、賃貸経営における黒字倒産につながりやすいポイントなので、注意が必要です。

「手元に残るお金」がいくらなのか、確認してみよう

ところで、キャッシュフローの最終段階、オーナーの「手元に残るお金」は、確定

申告書から簡単に計算できます。この機会にぜひご自身で確認してみてください。

◆直近の手元に残るお金の算出方法

〈用意するもの〉
・最新の所得税青色申告決算書（不動産所得用）（A）
・最新の確定申告書（B）
・借入金の返済表

まず、青色申告決算書（A）をご覧ください。
⑲の差引金額に、⑧の減価償却費と⑨借入金利子を足し、年間返済額総額を引いたものが、P110の税引前収支（ア）となります。
次に、確定申告書（B）をご覧ください。
（ア）の税引前収支から㊺の所得税及び復興特別税の額と、㉚課税される所得金額×10％（住民税）を引いたものが、手元に残るお金になります。

所得税青色申告決算書(A)

令和　年　月　日

損　益　計　算　書（自　月　日至　月　日）

科目		金額（円）	科目		金額（円）
収入金額　賃貸料	①	50 000 000	必要経費	⑬	
礼金・権利金 更新料	②			⑭	
	③			⑮	
計	④	50 000 000		⑯	
必要経費　租税公課	⑤	6 000 000	その他の経費	⑰	370 000
損害保険料	⑥	2 000 000	計	⑱	28 870 000
修繕費	⑦	4 500 000	差引金額（④−⑱）	⑲	21 130 000
減価償却費	⑧	12 000 000	専従者給与	⑳	
借入金利子	⑨	4 000 000	青色申告特別控除前の所得金額（⑲−⑳）	㉑	21 130 000
地代家賃	⑩		青色申告特別控除額	㉒	650 000
給料賃金	⑪		所得金額（㉑−㉒）	㉓	20 480 000
	⑫		土地等を取得するために要した負債の利子の額		

⑧減価償却費

⑨借入金利子

⑲差引金額

確定申告書(B)

税務署長　令和　年　月　日　令和 0 年分の 所得税及び復興特別所得税の 申告書　FA2202

納税地　個人番号（マイナンバー）　生年月日

現在の住所又は居所事業所等　フリガナ　氏名

令和　年1月1日の住所　職業　屋号・雅号　世帯主の氏名　世帯主との続柄

種類　特農の表示　整理番号　電話番号 自宅・勤務先・携帯

収入金額等	事業 営業等	㋐	
	事業 農業	㋑	50000000
	不動産	㋒	
	配当	㋓	
	給与	㋔	
	雑 公的年金等	㋕	
	雑 業務	㋖	
	雑 その他	㋗	
	総合譲渡 短期	㋘	
	総合譲渡 長期	㋙	
	一時	㋚	
所得金額等	事業 営業等	①	
	事業 農業	②	
	不動産	③	20480000
	利子	④	
	配当	⑤	
	給与	⑥	
	雑 公的年金等	⑦	
	雑 業務	⑧	
	雑 その他	⑨	
	雑 ⑦から⑨までの計	⑩	
	総合譲渡・一時 ㋘+{(㋙+㋚)×½}	⑪	20480000
	合計 ①から⑥までの計+⑩+⑪	⑫	

税金の計算	課税される所得金額（⑫−㉙）又は第三表	㉚	20000000
	上の㉚に対する税額又は第三表の㊱	㉛	5204000
	配当控除	㉜	
		㉝	
	住宅借入金等特別控除	㉞	00
	政党等寄附金等特別控除	㉟〜㊲	
	住宅耐震改修特別控除等	㊳〜㊵	
	差引所得税額	㊶	5204000
	災害減免額	㊷	
	再差引所得税額（基準所得税額）（㊶−㊷）	㊸	5204000
	復興特別所得税額	㊹	109284
	所得税及び復興特別所得税の額（㊸+㊹）	㊺	5313284
	外国税額控除等	㊻〜㊼	
	源泉徴収税額	㊽	
	申告納税額（㊺−㊻−㊼−㊽）	㊾	5313200
	予定納税額（第1期分・第2期分）	㊿	3300000
	第3期分の税額（㊾−㊿） 納める税金	51	1913200
	第3期分の税額（㊾−㊿） 還付される税金	52	
修正申告	修正前の第3期分の税額（還付の場合は頭に△を記載）	53	
	第3期分の税額の増加額	54	00
その他	公的年金等以外の合計所得金額	55	
	配偶者の合計所得金額	56	
	専従者給与（控除）額の合計額	57	

㉚課税される所得金額の10%

㊺所得税及び復興特別所得税の額

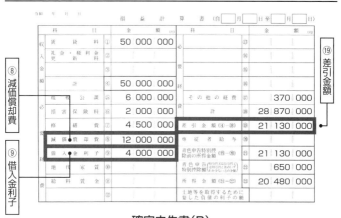

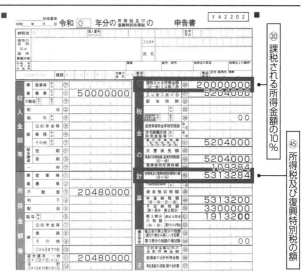

手元に残るお金の算出方法

用意するもの	・所得税青色申告決算書（不動産所得用）（A） ・確定申告書（B） ・借入金の返済表

青色申告決算書と確定申告書を使った簡単な計算式		計算例
青色申告決算書（A）	⑲差し引き金額	⑲ 21,130,000
	＋ ⑧減価償却費	＋ ⑧ 12,000,000
	＋ ⑨借入金利子	＋ ⑨ 4,000,000
	－ 年間返済額総額	－ 10,000,000
	税引き前収支…㋐	27,130,000……㋐
確定申告書（B）	㋐税引き前収支	㋐ 27,130,000
	－ ㊺所得税及び復興特別税の額	－ ㊺ 5,313,284
	－ ㉚課税される所得金額×10%（住民税）	－ ㉚ 20,000,000 × 10%
	＝ 手元に残るお金	19,816,716

◆将来の手元に残るお金の算出方法

次に、将来の手元に残るお金を計算してみましょう。

長期に渡る予想には限界がありますが、変動が見込まれる賃料収入と建物修繕費の2項目の予想値を算出すれば、おおよその試算が可能です。

経年による賃料下落は10年でマイナス7％と考えてよいでしょう。修繕費の目安は第2章（P74～）の表をご参照ください。

問題は、所得税などの予想です。これは減価償却費や所得額による税率の変動が伴うので、試算は税理士に依頼するのが現実的です。

3 キャッシュフロー悪化のピンチを乗り越える方法

賃貸経営におけるキャッシュフローの波、特に築20年前後に迎える大底の期間を乗り切るには、どうしたら良いのでしょうか。

ここでは、その方法を2つご紹介します。

「備えあれば憂いなし」事前の備えで乗り切る

賃貸事業としての成果とは、その建物の活用期間に得られる手元に残るお金の累計です。事業年度によってはプラスの期間もあれば、マイナスの期間も発生します。

事前にキャッシュフローシミュレーションと将来の収支予想を行い、いつ、どのくらいのお金が必要かを予測しておけば、慌てることはありません。将来に備えてどのくらいお金を貯めておけばよいか想定ができます。

賃貸経営のキャッシュフローシミュレーション

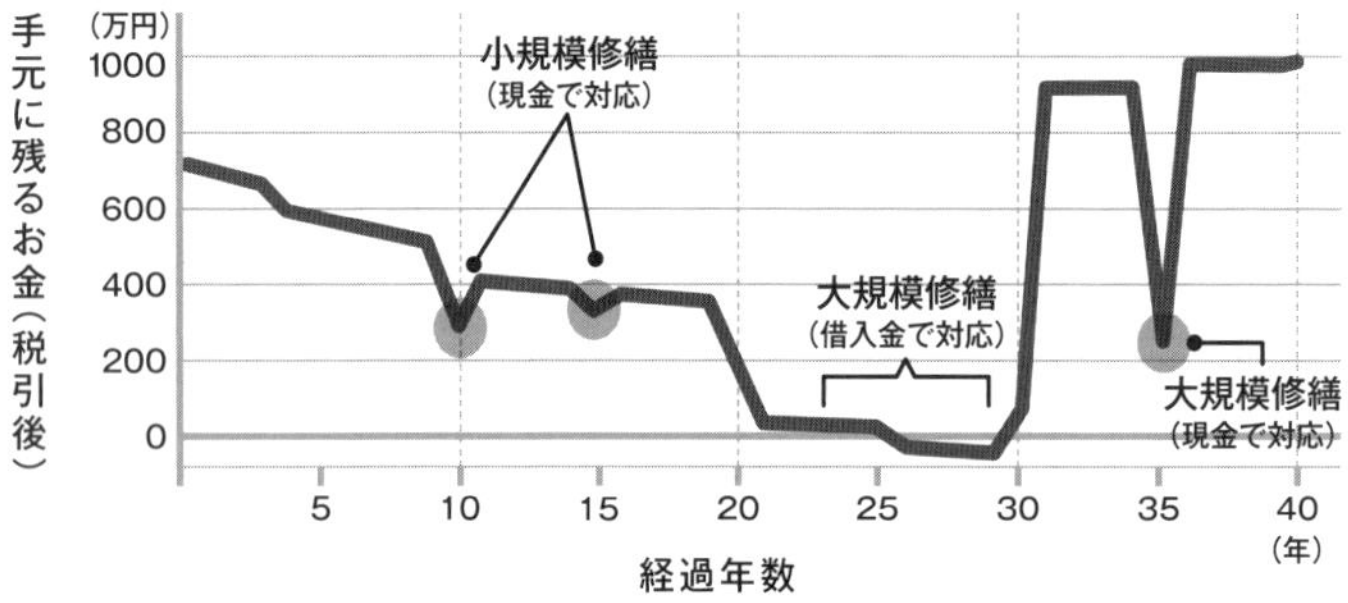

設定条件	建物	鉄筋コンクリート造3階建（1LDK×15戸）
	建築費	1.8億円
	借入金	1.8億円
	賃料	月額11万円／戸　10年ごとに7%下落
	入居率	95%

借入金の返済期間の延長でキャッシュフロー改善

借入金の返済でキャッシュフローに大きな影響を与えるのは、金利ではなく実は「返済期間」です。「満室でも賃貸経営が厳しい」というケースの場合、まれに通常より短い返済期間になっているケースもあります。

例えば30年間のローンを組んで20年間支払いをしてきた方の場合、残り10年で完済となります。そこを、あと25年延長して返済期間を45年まで延ばすことができれば、キャッシュフローは劇的に改善します。

原則的には建物の残りの法定耐用年数により、融資金額の延長期間が決まりますが、

金利が高くても返済期間が長い方が毎月の返済額は少ない

借入3,000万円のケース

返済期間	金利	毎月の返済額
10年	2.00%	276,030円
25年	2.00%	127,170円
25年	3.00%	142,260円

返済額確認表

※借入金100万円あたりの
月額返済額（単位：円）

金利＼返済期間	5年	10年	15年	20年	25年	30年	35年
1.00%	17,094	8,760	5,985	4,599	3,769	3,216	2,823
1.50%	17,310	8,979	6,207	4,825	3,999	3,451	3,062
2.00%	17,528	9,201	6,435	5,059	4,239	3,696	3,313
2.50%	17,747	9,427	6,668	5,299	4,486	3,951	3,575
3.00%	17,969	9,656	6,906	5,546	4,742	4,216	3,849
3.50%	18,192	9,889	7,149	5,800	5,006	4,490	4,133
4.00%	18,417	10,215	7,397	6,060	5,278	4,774	4,428
4.50%	18,643	10,364	7,650	6,326	5,558	5,067	4,733

返済額計算方法

①3,000万円を**期間10年　金利2%**で返済する場合の返済額
9,201 × 30 ＝ 276,030円／月
※3,000万円÷100万円=30

②3,000万円を**期間25年　金利2%**で返済する場合の返済額
4,239 × 30 ＝ 127,170円／月
※3,000万円÷100万円=30

③3,000万円を**期間25年　金利3%**で返済する場合の返済額
4,742 × 30 ＝ 142,260円／月
※3,000万円÷100万円=30

各金融機関の融資条件や方針、現在の取引状況によっても違いますので、まずは金融機関の担当者に相談してみましょう。

◆信頼関係構築には情報の積極開示を

返済期間の延長など、融資条件の見直しの前提として重要なのが、金融機関との信頼関係です。各金融機関はディスクロージャー誌を発行し、経営状況を開示していますが、私は融資を受ける側も積極的に情報開示をするべきと考えます。

こういう話をすると「聞かれてもいないのに話す必要はない」「マイナスの情報だから言いたくない」という方もいらっしゃいます。

また、突っ込んだ内容は聞きづらいという金融機関の担当者の想いもあり、あえて情報開示を求められていないのかもしれません。

しかし、金融のプロには決算書と預金残高を見れば、おおよその経営状態は分かるはずです。それをご自身の口で伝えるか、金融機関担当者の推測で判断されるかで大きな差になってしまいます。まずはどれだけ相手方を信頼できるか、そしてその気持ちを伝えられるかが重要です。経営上の不安があれば、それも含めて相談していくことが信頼関係の構築につながっていきます。

COLUMN

高入居率がキャッシュフローを改善する

賃貸経営を行う上で、築20年前後でのキャッシュフローの落ち込みは避けられません。

しかしその谷をできる限り浅くすることができれば、賃貸経営への影響を抑えることができます。そのためには、高入居率を維持することが最も有効な方法です。

下の図は、入居率の違いによりキャッシュフローにどのような影響があるのかを示したものです。入居率81％と95％では、築20年～30年の収支のマイナスが大きく異なり、40年間で手元に残るお金には6200万円もの差が出てしまいます。

入居者の入れ替わりなどを考慮すると「入居率95％以上」が理想です。

厳しい数字に感じるかもしれませんが、適切な空室対策を行い年間入居率を95％を目指しましょう。

入居率によるキャッシュフローの比較

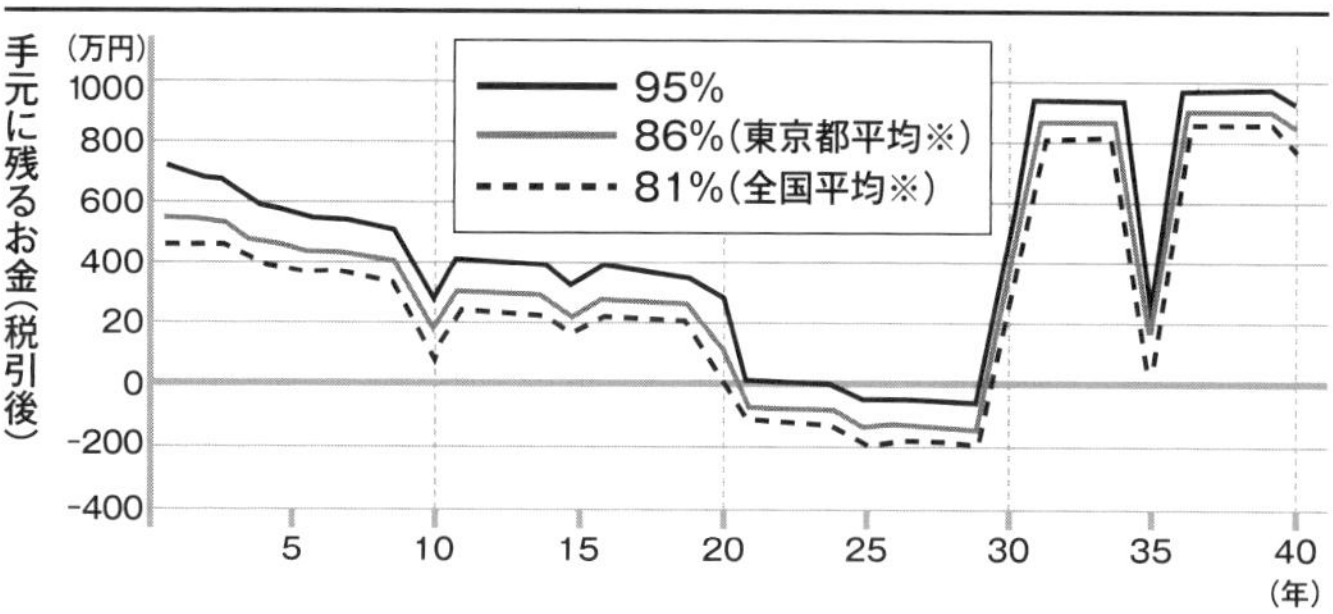

設定条件		
	建物	鉄筋コンクリート造3階建 (1LDK×15戸)
	建築費	1.8億円
	借入金	1.8億円(金利2% 期間 30年)
	賃料	月額11万円/戸　10年ごとに7%下落

手元に残るお金累計金額(40年間)		
入居率	95%	1億8380万円
	86%	1億4480万円
	81%	1億2160万円

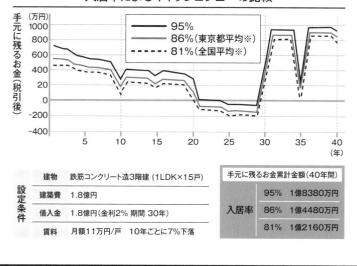

第4章

資産運用としての賃貸経営の「大きなメリット」とは

ここまで、建物長期活用と賃貸経営のキャッシュフローについてお伝えしてきました。

賃貸経営を続けるには資金的に苦しい時期を乗り越える必要がありますし、建物を長期活用する場合でも、修繕や改良などにお金がかかります。「賃貸経営は大変だな」とお感じになったかもしれません。

しかし賃貸経営は本来、長く安定的に収益が得られる、メリットが多い事業です。本章では、そんな賃貸経営の魅力についてお伝えします。

1 賃貸経営の特徴

私が賃貸経営を「メリットが多い事業」だと思う根拠を5つお伝えします。これを読めば、賃貸経営が事業としてとても有益であることがお分かりいただけると思います。

メリット❶ 賃貸経営は細く長く収益を得られる

第一に、賃貸経営は細く長く収益を得る事業です。

「今の時代、賃貸経営は儲からない」とおっしゃるオーナーの方が多いのですが、それでもおそらく新築から築10年ぐらいまでは、それなりに収益があったはずです。ただ「その状態がずっと続くだろう」と考えていたら、そうはならなかったということです。

賃貸事業は製造業や鉄道業、ホテル業のような装置産業に近く、最初に大きく投資し、そこからの収益を長く回収していくというビジネスモデルです。築年数が古くなると、最初の10年のように大きく収益を得ることはできなくなります。その代わり苦しい時期を抜ければ、安定的に収益を得られるようになります。細く長く親から子へ、あるいは孫へと、世代を超えたスパン（長さ）で収益を得ることができるのですから、やりがいのある事業といえると思います。

◆景気の影響を受けにくい

賃貸事業は景気の影響を受けにくいため、他の業種と比較して安定した経営が実現できます。２００８年のリーマンショック後、世界的に経済が落ち込んだ時も、賃貸物件、なかでも賃貸住宅の賃料は、大きな影響を受けませんでした。１９９０年代のバブル崩壊後も、土地の価格は大幅に下落しましたが、賃貸住宅の賃料の下落は、土地価格に比べれば非常に緩やかなものでした。

メリット❷ 収支の予測が立てやすい

日本では契約期間中の賃料改定は、ほとんど行われていないこともあり、収入は安定的と言えます。

また、定期的に必要となる修繕の費用は予め予想がつきますし、数年に一度の入居者の入れ替わり、管理会社への支払いなど、いずれもある程度の予測ができます。

例えばＩＴ産業など、非常に進歩が速く生存競争が激しいビジネスや、集客次第の飲食業などと比べると、賃貸経営が安定的なことは明らかでしょう。

みなさんの中には新型コロナの流行時に、それを実感された方も多いのではないでしょうか。

これほど長期にわたり収支の予測がつきやすい事業は、他にはあまりありません。それだけに賃貸オーナーはしっかりと収支の予想を立て、健全な経営を心がけると良いでしょう。

メリット3 節税（所得税、相続税、固定資産税）対策になる

賃貸経営は税金対策にもなります。賃貸物件の減価償却は、所得税の節税効果を発揮します。更地に居住用の建物を建てることで土地の固定資産税が下がります。また、相続の際も更地よりも土地の評価額が下がるため、相続税の節税につながります。

多額の税負担に悩む高額所得者や資産家が、税金対策として賃貸経営を始めるケースが多くを占めているのは、このためです。

メリット❹ 他人に任せることができる事業

賃貸経営は、業務をアウトソーシング（外部に委託）することができます。ほとんどの業務を外注先である管理会社や不動産会社に代行してもらえるので、オーナー自身があまり動かなくてもよいのが特徴です。

手間と時間をかけなくて済むので、自身の本業に影響することなく完全な副業として行うことも可能です。これは賃貸経営の大きな魅力の一つです。

◆人を雇う必要がない

一般的な事業を行う場合、従業員の雇用や教育を行わなければなりません。人手不足の今の時代、人材を確保するのは大変です。その点、賃貸経営は人を雇う必要がないので、雇用の苦労はなく、経営面でも人件費の負担がありません。

経営を行う賃貸オーナーの立場からは、人に任せられるものは任せ、任せられないもの、自分でやらなければいけないことは何かを見極めて、そこに注力することが大切です。

◆業務を任せる相手は慎重に選ぶ

業務を任せるにあたっては「任せる相手をどう選ぶか」が重要になってきます。賃貸経営では、仲介会社、管理会社、リフォーム会社など多くの業者の協力が必要で、どのようなパートナーと組むかが、収益を左右します。

「昔から頼んでいるから」という理由だけで、なじみの業者を使っているオーナーも多いのですが、はたしてそれがベストな選択なのか、改めて考えてみてください。ずっと同じことを続けているほうが楽であっても、よりよい結果を出すためには、見直す勇気を持つことも必要です。

「賃貸経営を行う上で、これからの時代にどのような相手を選べばよいか」については、5章で詳しく説明しています。

メリット5 有利な条件で融資を受けやすい

金融機関からみると、賃貸経営はもともと安定的な事業である上に、融資した資金は土地・建物として不動産資産に変わります。加えて、不動産は担保とすることができるので、それによって融資のリスクを低く押さえられます。

このように賃貸経営では、融資に際しての条件がよいため、他の事業に比較して、低金利や、長期の融資期間などの好条件を受けることができます。これも賃貸経営の大きな魅力です。

賃貸経営3つの管理業務

賃貸経営では、建物ができた後は、管理業務が経営の中心となります。

管理業務には、大きく次の3つがあります。

A　「建物」の管理
　賃貸物件の定期的な修繕やメンテナンスなど
B　「入居者」の管理
　空室への入居者募集、滞納の催促、クレーム処理など
C　「お金」の管理
　収入や支出、投資や借入金に関することなど

このうちA「建物」の管理とB「入居者」の管理については、管理会社や不動産会社に委託することができます。建物や人の管理業務は内容が多岐にわたり、また時代による変化も大きいため、オーナーが自分でやろうとするよりも、専門のスタッフと情報を持ったプロに任せたほうが安心です。

大事なのは「お金」の管理

一方、収入や支出や借入金に関することなど、C「お金」の管理については、オーナー自身が行う必要があります。売上や経費といった、事業に関わる数字の把握もそ

の一つです。

大半の賃貸オーナーは、日頃の入居者募集や修繕の対応を管理会社に「お任せ」していています。しかし日々の業務は任せることができても「どのタイミングで大きな修繕を実施し、どのようなリフォームを行い、そのための資金をどこから借り入れるか」といったお金に関わることは、最終的にオーナー自身が判断する必要があります。

「お金」の管理で特に重要になってくるのが、キャッシュフロー（お金の流れ）と手元に残るお金の把握です。ここだけは、オーナー自身でしっかり把握し、コントロールしていただく必要があります。

2 建て終わりではない賃貸経営

不動産コンサルティングの仕事を通じて感じることは、賃貸オーナーの多くは、賃貸事業という「経営」をしているのに「経営者」としての意識が乏しい、ということです。

私はこれまで32年間、多くの賃貸オーナーの課題に向き合い、その解決のお手伝いをしてきました。多くは〝今よりも良い時代〟に賃貸経営を始められた方たちです。その時代のなごりで「賃貸経営は人任せでなんとかなる」という意識が残っている方も少なくありません。

そうなる理由の一つとして、管理会社や不動産会社の姿勢にも問題があると思っています。不動産会社は本来、不動産賃貸という経営を行うオーナーに適切な判断材料を提供し、オーナーがより良い経営判断を下す手助けをしないといけない立場です。

しかし現実には大部分の管理会社や不動産会社は、オーナーに適切な判断材料を提供しておらず、目先のことに終始していると感じます。

賃貸オーナーに求められる「経営者」目線

これからの時代の賃貸オーナーには「経営者」としての目線が必要です。

つまり、オーナー自身が経営者感覚を持つということです。

賃貸オーナーの中には「うちは不動産会社に任せているから」とか、「親から『余計なことはするな』と言われていた」といった受け身の考えの方もいらっしゃいます。

しかし、賃貸経営のトップはみなさん自身です。

賃貸経営はオーナー自らが金融機関から借入れを行い、リスクを引き受ける、オーナーご本人の「事業」です。経営に関しては人任せにせず、経営者としての自覚を持ち、自身の目と足で今の賃貸市場がどうなっているかを確かめ、どのように経営していくべきかを考え、判断していく必要があります。

「事業の今後をどうするか」、それを考えることが「経営」です。賃貸オーナーの皆さまも建物の長期活用を前提に、改めて賃貸経営の着地点を考えてみてはいかがでしょうか。

「数字」を把握することが大事

「昨年のマンションの入居率は、何%でしたか？」

当社にご相談に来られる賃貸オーナーにそう質問をすると、ほとんどの方が「わかりません」とお答えになります。「売上は年間どうでしたか？」「経費は？」「税引き後の利益は？」といった質問でも同じで、やはり「わかりません」とおっしゃる方がほとんどです。

会社経営をしている社長でしたら、こうした質問に答えられない人はいないでしょう。自分の会社の業績は数字で把握しているのが当たり前で、そうでないと経営できないからです。

賃貸経営も同じです。まずは自分の賃貸経営の実態を、きちんと数字で把握することが大切です。

「今後のキャッシュフロー」を確認する

さらに加えると「今後のキャッシュフロー」を把握することも大切です。

たとえば今後、毎年何％賃料が低下し、年間の空室率は何％ぐらい増えていきそうか。税金はどれくらいかかるのか。長期的な修繕や設備交換がどの時期に必要で、それにいくらぐらいかかるのか。

そうした前提を確認しておくことで、将来の収支が見えてきて、資金繰りの計画も立てやすくなります。

第5章

次世代のために「今、行っておくべきこと」

時代の変化に伴い、賃貸経営も変革の時を迎えています。人口減少の中、新築物件の供給は続いており空室率も上昇の一途をたどっています。すべての賃貸物件が満室になることは、もはやありません。賃貸オーナーの皆さまもこうした時代の変化をしっかりと捉えながら経営を行っていく必要があります。

これからも安定した賃貸経営を続けていくためには、どのようにしていけばよいのでしょうか。本章では、そのポイントをお伝えします。

1 賃貸経営を取り巻く環境の変化

戦後の高度成長期から１９８０年代終わりのバブル期まで、賃貸経営は「とにかく建物を建てれば、事業として成立する」という時代でした。賃料は右肩上がりで、入居者も「建てれば入る」という状況が長く続いていたのです。

とりわけ１９８０年代後半はバブルの時期で、地価が急速に上がった結果、固定資産税などの税負担が増え、その対策として賃貸不動産が多く建てられました。

しかしそれから時代は変わり、今は建築費が高騰し、空室率は上がり、賃料は下がっています。１９８０年代から90年代にかけて大量に建てられた賃貸物件は、軒並み築30年を越え、多くの賃貸オーナーが「この先、どうしようか」と悩んでいます。

賃貸経営は変革の時代

不動産はその名の通り、動かせない資産です。時代の変化に合わせて、その場所で今後どう戦っていくか戦略を立てる必要があります。

まず、賃貸経営における現在から近い将来（2030年頃まで）の環境変化として、次の7つのトピックをご紹介したいと思います。

①少子高齢化と人口減少
②既存ストックの老朽化
③外国人の増加
④環境問題
⑤消費者ニーズの変化
⑥自然災害の甚大化
⑦建築費の上昇

少子高齢化による賃貸需要層の変化

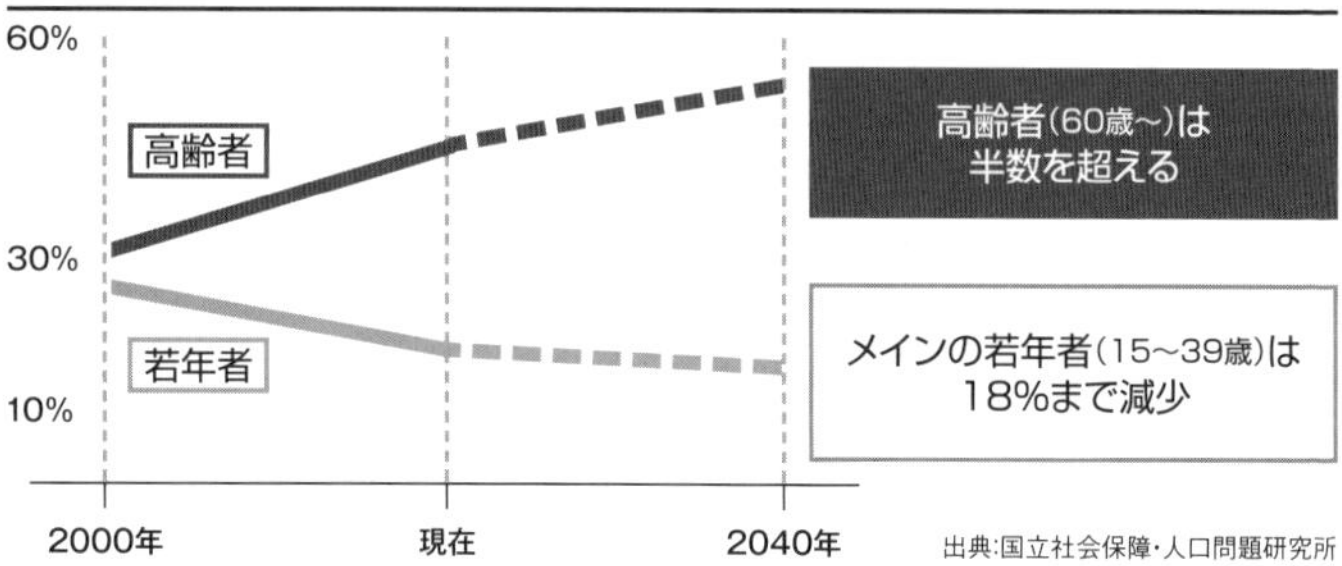

出典:国立社会保障・人口問題研究所

①少子高齢化と人口減少

日本の総人口は、２００８年の約１億２８００万人をピークとして、以後は減少傾向が続いています。「２０４０年には日本の人口はピークから１５００万人減り、約１億１０００万人になる」と予想されています。

また、総人口と同時に、15歳から64歳の生産年齢人口も減少し、２０２０年から２０４０年までの20年間で１５００万人減少すると予想されています。その一方で、65歳以上の高齢人口は同じ20年間で３１８万人増加すると見込まれています。

◆高齢者世帯が増加し若者は減少する

少子高齢化の進展は「夫婦と子どもたち」というファミリー世帯の減少と、高齢単身世帯の増加につながります。

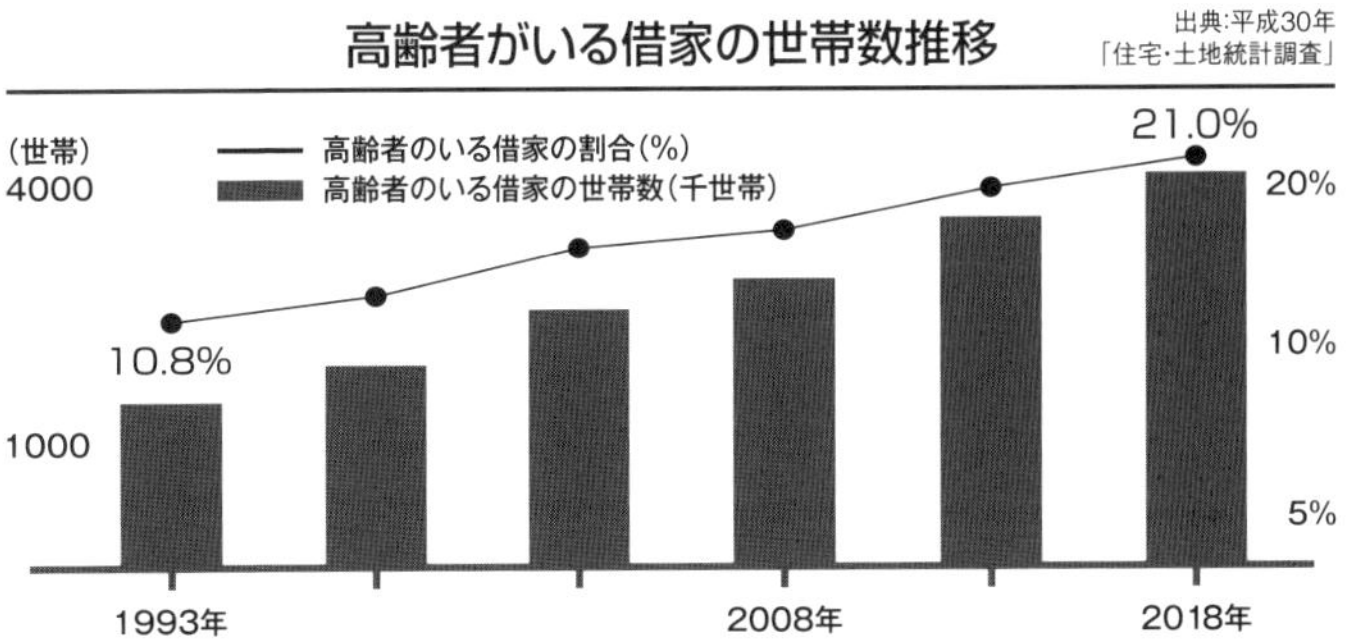

今後はこれまで賃貸経営のメインの需要層であった若年者は、減少していくことが予想されます。その影響は必然的に賃貸経営にも表れてくるでしょう。

上は高齢者がいる賃貸住宅数と、賃貸住宅の中で高齢者がいる割合を示したグラフです。

高齢者がいる賃貸住宅の割合は、過去25年間で10％以上増加しており、世帯数とともに年々増えていることがわかります。

◆官民のサービスを活用し、高齢入居者の入居促進を

少子高齢化の中で、若年者に代わる新たな入居者ターゲットの一つが、高齢者です。

これまでの単身世帯向けの賃貸住宅は、地方から都市圏に転出してくる20代・30代の若年者がメインターゲットでした。単身高齢者は孤独死や賃料の支払いの心配が

あるということで、部屋を貸そうとしない賃貸オーナーも少なくありません。

しかし、今後は高齢者を対象とする賃貸住宅が、単身世帯向けの賃貸ビジネスの中心となってくることは明らかです。賃貸オーナーもこれまでの考え方を変え、単身高齢者を受け入れていくべきでしょう。

今は地域包括支援センターや見守りサービスなど、高齢入居者をサポートする官民のサービスが複数存在しており、健康面でのサポートをしてくれます。また、賃料滞納は家賃保証会社、入居者の死亡事故などによる損害は火災保険の特約に加入するなど、複数のサービスをうまく組み合わせて対策を講じておくと安心です。

②既存ストックの老朽化

総務省統計局『平成30年住宅・土地統計調査住宅数概数集計結果の概要』によれば、日本国内の空き家は、１９８８年から２０１８年までの30年間で、３９４万戸から８４９万戸へと2倍以上に増えており、今後も増えていくことが予想されます。

同時に築40年を超える賃貸マンション等の貸家も増え続けており、国土交通省の調査によれば２０１７年からの20年間で、築40年を超える貸家が、６７２万戸増加する

賃貸住宅の建築戸数の推移

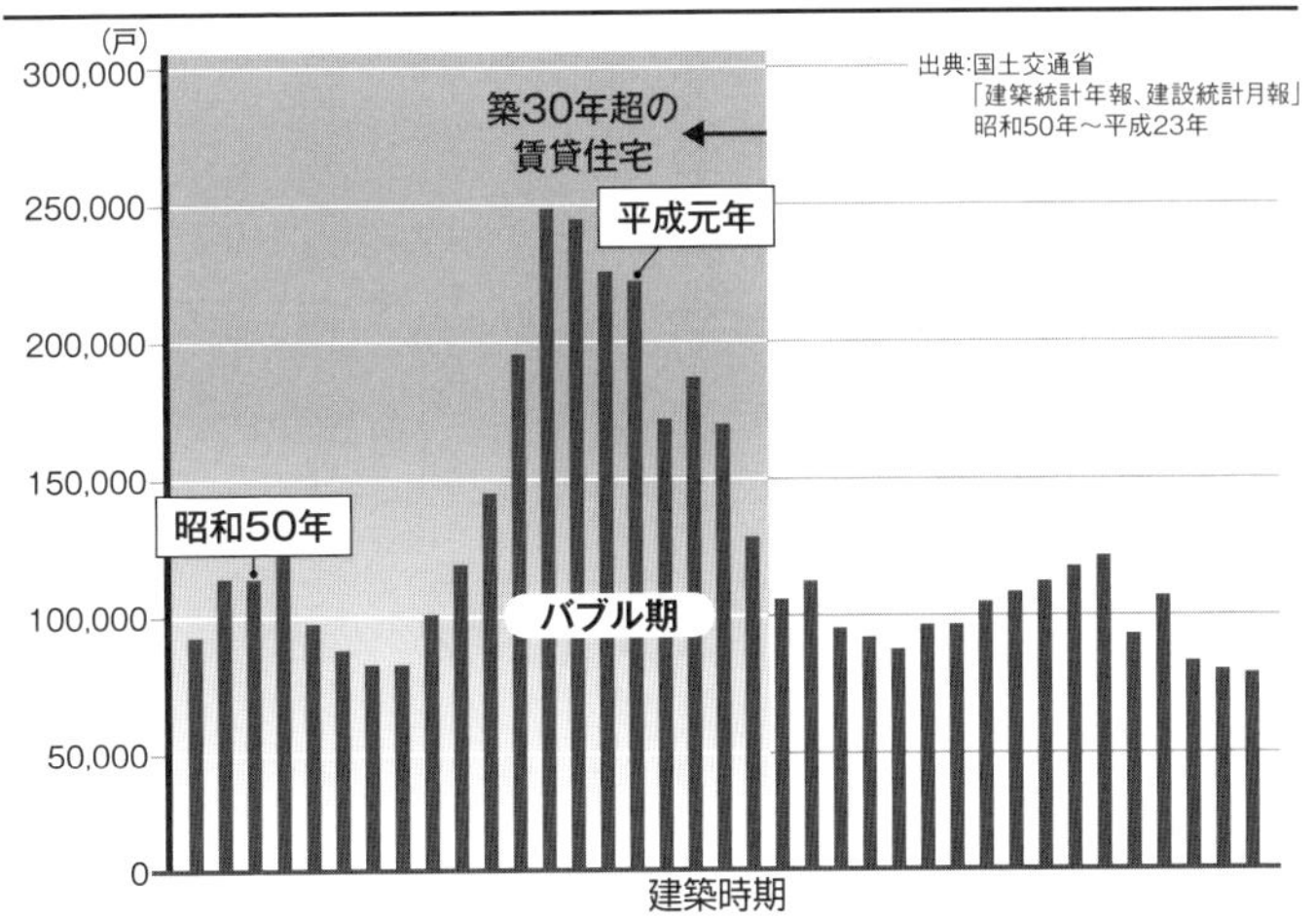

ものと予想されています。

不動産業界に対しても、こうした既存ストックや空き家の利活用が社会的に求められています。

◆大量のバブル期物件が築30年超えに

上のグラフは国土交通省の『建築統計年報　建設統計月報』に基づく、全国の賃貸マンションの建築戸数の推移です。

このグラフから、平成元年を中心とするバブル景気の前後に建てられた賃貸住宅が多いことがわかります。

これらの物件は今、築30年を超えています。また新築が年々減少していることから、今後は賃貸市場においても、古い建物の割合が増加していくことが予想されます。

つまり今後の賃貸市場においては、築30年を超える物件が増加し、古い建物が中心の世の中になっていくということです。

◆修繕と改良で競争力を上げる必要性

「古いから仕方ない」と諦め、時代をキャッチアップする努力を何もしなければ、入居者に見捨てられてしまいます。第2章や巻末でご紹介しているような、古さをなくし入居者ニーズに合ったデザインや設備を取り入れることで、築年数の古い物件でも競争力を維持できます。

③外国人の増加

政府は国内の少子高齢化を受けて、外国人の働き手を積極的に受け入れる方向に政策の舵を切っています。今後は外国人旅行者や留学生、日本で働く在留外国人が増加していき、外国人向けの住宅需要の拡大が見込まれます。

不動産業界においても、外国人の住まいのニーズに対応することが求められています。

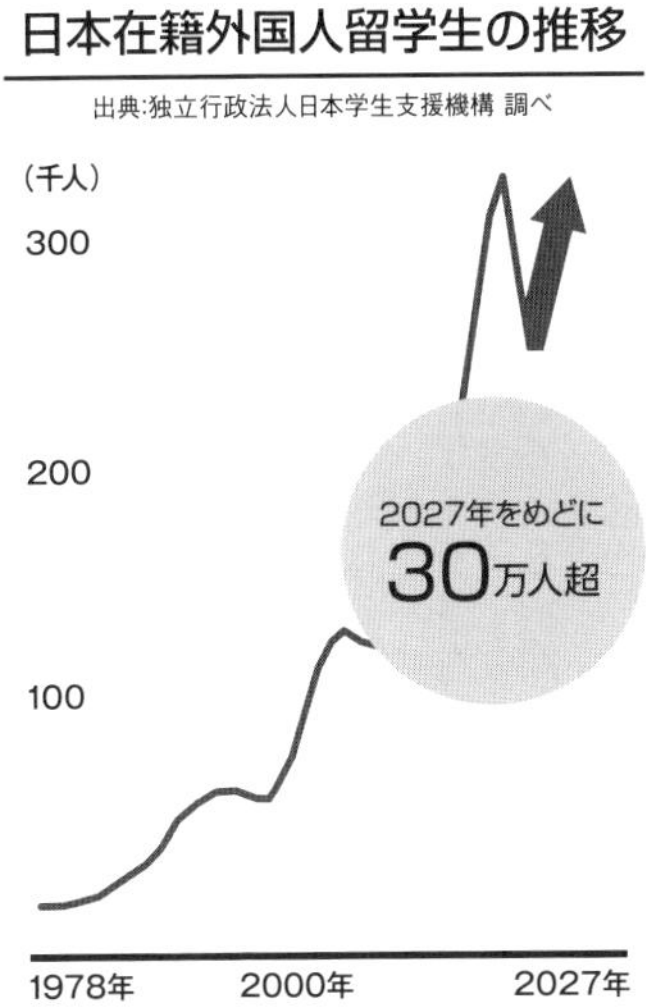

出典:独立行政法人日本学生支援機構 調べ

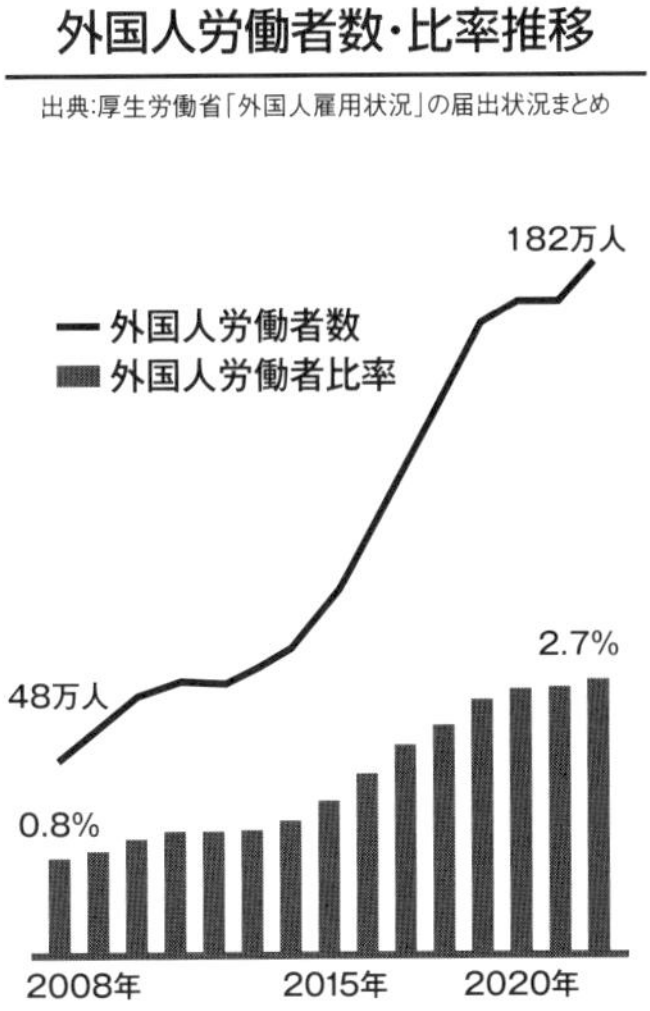

出典:厚生労働省「外国人雇用状況」の届出状況まとめ

◆右肩上がりの外国人労働者

上の図は外国人留学生の推移と、外国人労働者数・比率の推移です。

少子高齢化で縮小していく日本人の賃貸需要とは対照的に、いずれも右肩上がりのグラフとなっています。

賃貸業界全体として見ると、減っていく日本人向けのマーケットだけでは、入居率を上げるにも限界があります。増加する日本在住の外国人を取り込むことで、賃貸需要層を増やす必要があるのです。

賃貸オーナーの皆さまも、近所のコンビニエンスストアなどで働く外国人の方を見かける機会が増えているのではないでしょうか。そのような人たちが住む賃貸住宅が、今後さらに必要になってくるのです。

◆民間のサービスを活用して外国人入居者の受け入れを

「外国人の入居者はトラブルの元」と思っている賃貸オーナーは多いですが、多くは日本の生活習慣を知らないことが原因です。入居前にきちんと説明して理解してもらうことで、トラブルを少なくすることができます。

当社が管理している物件では、外国人の方を入居者として受け入れる場合、事前にその入居者の母国語で、日本の習慣についての説明を行った上で入居していただいています。この手順を踏むだけで入居後のトラブルを回避でき、ご近所からの苦情も防ぐことができます。

実際に入居者の母国語で説明を行うのは、8か国語で入居者サポートを行っている、当社が提携する会社のスタッフです。今後はこうした民間の新しいサービスを活用して、積極的に外国人入居者を受け入れていく必要があります。

④環境問題

国土交通省は、2020年に閣議決定した「新たな住生活基本計画」に基づき、2050年のカーボンニュートラル実現に向け、既存建物の「計画的かつ適切な点検・修繕および履歴情報の保存推進」「省エネ性能アップ」「建物の長寿命化」を目標に掲げています。古い賃貸物件の有効活用は、賃貸経営改善の手立てであると同時に、国の政策でもあります。

◆建物長期活用で環境に貢献

建物を修繕・改良しながら長期活用することで、建て替えに比べて環境への負担を大幅に少なくできます。

金沢工業大学の研究では、リノベーションで建物を長期活用した場合、建て替えに比べて、CO_2排出量を76％、廃棄物排出量を96％削減できたという結果が出ています。(金沢工業大学　佐藤考一研究室　リノべる株式会社)

なお、古い建物の省エネ性能の課題解決までは至っていません。

省エネについて国は2025年4月より「全ての新築住宅・非住宅に省エネ基準適合を義務付ける」としています。これにより、住宅の断熱性能や設備機器等の一次エネルギー消費量が基準を満たすことが求められます。

今は新築だけですが、いずれ既存住宅にも同じような基準が求められ、耐震性能とあわせてすべての建物の必須条件になると考えています。

⑤消費者ニーズの変化

設備面の機能や建物・室内のデザインの趣向は、時代の変化とともに、おおよそ20年の単位で大きく変化しています。また、ライフスタイルもその時代ごとに変化しています。

築年数の古い建物を入居者から選ばれる物件にしていくには、その時点での消費者ニーズにマッチした新機能・サービスを導入する必要があります。

◆コロナ禍を機に、働き方が変化

2020年春以降、新型コロナ対策としてテレワーク（在宅勤務）が推進されました。働き方の変化に伴い、住まいに求めるものが変わってきています。

職住近接の必要性がなくなり、家で仕事がしやすい間取りや設備が求められるようになりました。今後もインターネットやＡＩなど、情報技術のさらなる発展により、生活環境・企業活動が大きく変化していくと考えられます。賃貸オーナーが競争優位性を確保するためには、既存の賃貸住宅においても、リモートワークやネット社会への対応、デジタル社会に向けたサービスの提供が求められています。

⑥自然災害の甚大化

近年、地球温暖化に伴う気候変動によって、台風や線状降水帯による豪雨や水害、猛暑や山火事といった自然災害が世界的に頻発しています。また深刻な被害を及ぼす地震の発生率は、首都圏の場合、今後30年以内で約70％にも達すると予測されています。

◆賃貸オーナーとして求められる安全性の確保

生活基盤となる住宅や事務所を貸し出す賃貸オーナーにおいては、安心して建物を利用できる環境づくりに向けて、耐震性の向上など防災・減災対策が必要不可欠といえるでしょう。

⑦建築費の上昇

最後の変化は、建築費の高騰です。建築費の高騰は、建物の建築が不可欠な賃貸経営において、収支に大きな影響を及ぼします。そして、このことが本書のテーマ、建物長期活用を推進する大きな要因の一つでもあります。

◆人件費の上昇と建築業界の「2024年問題」

2011年の東日本大震災による復興需要、そして2021年の東京オリンピックの建築需要などがあり、建築業の人件費は高止まりしていました。
しかし、それらが終了した現在も、建築業の人件費が下がる気配はありません。なぜなら、建築業に関わる職人の数が減少しているからです。

新聞やテレビでは「2024年問題」として「ドライバーの労働時間制限の厳格化により、運送業界で深刻な働き手不足が発生する」と報道されています。実はまった

建築業の年齢別就業者数

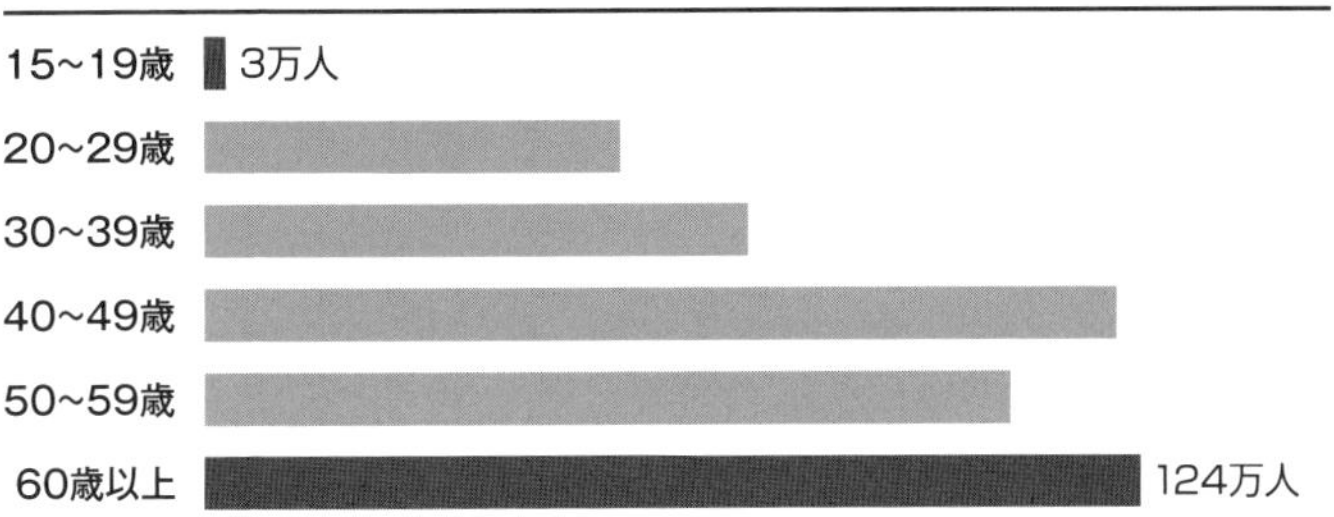

出典:総務省「労働力調査」(2021年)

く同じ問題が、建築業界でも起きると考えられています。

職人の労働時間が厳格に制限されることにより、それでなくとも不足している現場の労働力が、２０２４年を境に一段と足りなくなることが予測されているのです。

さらに建築業界では、現場の職人の高齢化が進んでいます。20歳未満は激減し60歳以上の割合が最も高くなっています。これらの高齢の職人は、これから10年ほどで引退することが見込まれ、それにより現場の労働者不足は、今以上に深刻になっていくものと予想されます。

◆原材料費の高騰

こうした人手不足による人件費の高騰に加え、近年は中国やインドなど新興国の需要増や世界的なインフレ、さらに円安によって、上昇傾向にあった建築資材の価格がさらに高騰しています。

新築時だけでなく、リフォームや修繕の価格も上がっていますが、高騰の割合は新築のほうが大きくなっています。

こうした現状から見ても「安易な建て替えには踏み込まず、既存の賃貸住宅を寿命ぎりぎりまで長期活用することこそ、賃貸経営成功の秘訣である」と言えるでしょう。

◆不動産の2030年問題

不動産を巡る日本の今の状況については、日本政府も危機感を持って捉えています。国土交通省の『不動産業ビジョン2030年〜令和時代の『不動産最適活用』に向けて〜』では、不動産業を取り巻く近年の市場環境の変化として「少子高齢化・人口減少の進展」「空き家・空き地等の遊休不動産の増加・既存ストックの老朽化」「新技術の活用・浸透」「働き方改革の進展」「グローバル化の進展」「インフラ整備の進展による国土構造の変化」「地球環境問題の制約」「健康志向の高まり」「自然災害の脅威」等を「2030年の問題」として挙げています。

2 ますます重要となるパートナー選び

かつての右肩上がりの時代のスクラップ&ビルドの画一的な賃貸経営と違い、これからの賃貸経営では、細分化された入居者ニーズを捉えるためのハード面の改良による物件の競争力アップが不可欠です。

また、ソフト面では外部サービスを取り入れつつ高齢者や外国人など新たなニーズに対応すること、また経営面では長期的な視点に基づくキャッシュフローのシミュレーションを行うなど、これまではほとんど必要とされなかった取り組みが重要になってきます。

現在はスクラップ&ビルドから建物長期活用へ考え方を転換する過渡期であり、その成功の手法も確立されているとは言えません。いまだ手探りの部分も多いため、協力会社選びでは、現時点ですでに対策を講じ始めている会社を選定することが重要になってきます。

賃貸経営においては、各分野の専門的な知識・情報を持つ協力会社を選び、環境変化に対応できる体制を確立することが必要です。

管理会社は募集力とＩＴへの対応で選ぶ

管理会社は賃貸経営を代行する、賃貸オーナーにとって最も重要なサポーターです。管理会社で重要なのは、なんといっても空室を埋める募集力です。外国人や高齢者の増加等、変化する入居者層とそのニーズに対応した、最適な募集ルートを持つ管理会社を選びましょう。

大手の不動産管理会社は人材が豊富でＩＴ化への取り組みも早いなど、基本的に競争力があります。お手持ちの物件の立地がよく大規模な建物の場合は、大きな管理会社が向いているでしょう。さらに大手管理会社の中でも、自社の入居率の実績等を数字で公開している会社であれば安心できます。

一方で、スケールメリットが活かせない、立地条件が悪い、個人オーナーの所有する小規模物件などの場合は大きな管理会社では対応が行き届かない面があります。このような個別性の高い物件の場合は、むしろ小規模な管理会社が向いていることがあります。

また、従来の管理会社はもっぱら「何かが起きてから対応する」という事後対応の姿勢でしたが、今後は「何かが起こらないようにする」という事前対応の姿勢を主とする管理会社を選びたいものです。

◆物件探し～契約までＩＴ化が進んでいる

Ｚ世代と呼ばれる若者世代にアンケートを取ると、８割が「賃貸物件への入居でも、電子契約をしたい」と答える時代です。管理業務へのＩＴの導入は必須と言えます。

電子契約ができれば、不動産会社に出向かなくとも自宅で契約ができ、時間や移動の手間をなくせます。近い将来は、グーグルのストリートビューや動画による室内のバーチャル見学により、一度も現地訪問なしで物件を選定、オンラインで電子契約を行うという、家から一歩も出ないで部屋を借りるスタイルが広がるでしょう。

とりわけ地方から都内の大学へ進学する学生や、地方に転勤が決まった会社員には、こうした契約スタイルがなくてはならないものになってくると考えます。

入居者からの設備故障の連絡や問い合わせも、これまでは電話が中心でしたが、管

市萬が提供する入居者用専用サイト

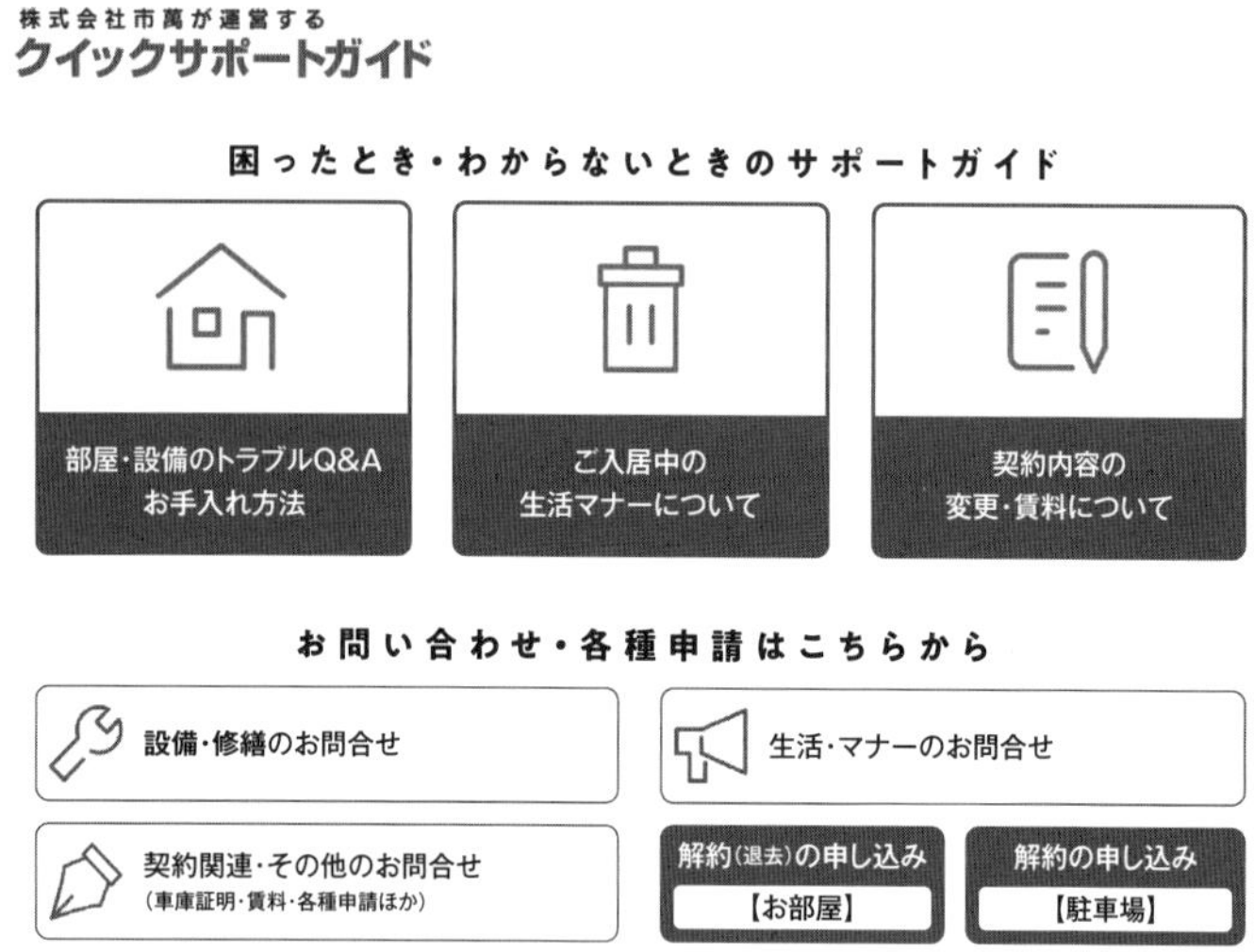

理会社にも働き方改革の流れもあり、夜間や休日まで電話対応することは難しくなっています。そうしたこともあって、電話よりWebを通じた連絡が、入居者とのコミュニケーションの中心になりつつあります。

当社でも、入居者用の専用サイトを立ち上げ、24時間365日入居申し込みや各種の問い合わせができるようにした結果、夜間や休日の問い合わせが非常に多いことがわかりました。

Web上で電子契約が可能になれば、入居者だけでなく管理会社にとっても手間が省けます。こうしたIT化への対応は、後述するように管理会社だけでなく賃貸オーナー自身も積極的に取り入れていくことが望ましいと言えます。

◆管理会社向けのITサービスが入居者満足度アップにつながる

入居者対応のためのITシステムを一から自前でつくることは難しいですが、今では管理会社向けの入居者管理ITサービスも登場しています。

たとえば株式会社スマサポが提供している住まいサポートアプリ「totono（トトノ）」は、LINEのようなスタイルで、入居者と管理会社がスマートフォンでやりとりできるようになっています。

管理会社から入居者へ契約書などの書類を送り、入居者がそれに必要事項を書き込んで返信すれば、入居時室内点検表や解約の申請、駐車場保管場所使用承諾書の申請など、これまでは紙の書類を郵送して行っていたような手続きを、スマホで簡単に済ませることができます。

入居者から管理会社へ問い合わせたいことや、部屋に何か不具合があった場合なども、24時間すぐに連絡することができます。スマホで撮った写真も送ることができるので、管理会社もどのような状態かすぐにわかり、スピーディーな対応が可能です。

FAQ（よくある質問のリスト）も予め用意されており、一般的な質問であれば、入居者がそれを見るだけで解決できます。

管理会社から入居者へお知らせする必要があった際も、アプリの掲示板機能を使ってすぐに配信できるので、連絡や掲示の手間を大幅に削減することができます。

◆オーナーもデジタル化により効率的な賃貸経営を実現

入居者と管理会社の間だけでなく、オーナーと管理会社とのやり取りも、電話からメールやWebに変わりつつあります。これからの賃貸オーナーは、管理会社にデジタル対応を求めるだけでなく、自らもパソコンやスマートフォンを使いこなせるようにしたほうがよいでしょう。

また、建築図面や修繕時の情報のデジタルデータ化は、紛失や日焼けによる紙の風化で図面が見えなくなることへの対策となります。大きな建築図面は修繕の際に必要になりますが、紙でやり取りするよりもデータ化してメールに添付するほうが、ずっと簡単に送付できます。

トータルでお金の相談ができる税理士を選ぶ

税理士は税金の計算だけでなく、お金の問題全般について、賃貸オーナーからの相談に対応できることが理想です。また「こうすれば税金を節約できますよ」という税理士にしかできない提案を積極的にしてくれる税理士が望ましいでしょう。

賃料収入を含む税務申告だけでなく、賃貸オーナーの所得税や相続税の試算ができることも、重要な条件です。賃貸事業のキャッシュフローのシミュレーションをする上でも、所得税の試算ができることが不可欠です。特に建物長期活用をするためには、将来の税金のシミュレーションができるかどうかが重要になってきます。

技術はもちろん対人力のある工事会社を選ぶ

工事会社というと、これまでは建物の新築と原状回復工事等をお願いする外注先の一つだと捉られていたと思います。今後は「いかに長く建物を維持できるか」という視点からの、重要なパートナーと考えるべきでしょう。

建物の長期活用には、定期的な修繕が欠かせません。修繕は新築に比べ、個別の事情が多く、技術面以外の理由で工事が難しくなる場合もあります。給排水管の漏水対応や配管のリニューアルなど、入居者がいる中で工事を行う際には、事前の工事周知の徹底や鍵の預かりなど、対人対応についての経験と高いコミュニケーション能力が求められます。

柔軟な対応をしてもらえる金融機関を選ぶ

建物の長期活用をしていく上では、新築時の建築資金の調達だけでなく、大規模修繕や老朽化した給排水管の更新工事、改良のための室内の改装工事など、いろいろな場面で資金が必要になってきます。

そうしたニーズに対して、経営状態次第で融資に応じてくれるような、柔軟な対応をしている金融機関もあります。長期活用にふさわしいのは、まさに、そのような金融機関です。

また融資の対応だけでなく、融資先となる賃貸オーナーの相談に乗り、必要に応じて自社のネットワークを使い、専門家の紹介などのサポートを積極的に行っている金融機関もあります。金融機関の業務はすでに融資や預金だけではなくなっており、そうしたサービスにも前向きなところこそ、賃貸オーナーのベストパートナーと言えます。

3 次世代への継承

建物の長期活用を考える場合、賃貸経営の次世代への継承が前提となってきます。第4章「賃貸経営の特徴」でも触れましたが、不動産経営は長期的な事業であり、次世代へどう継承していくかは重要な問題です。現賃貸オーナーとしては、相続が円滑に行われ、賃貸経営そのものも次世代の負担とならないよう配慮が求められます。

日頃から賃貸経営継承の準備を

現オーナーが急に亡くなり、相続が発生して、何の準備もないまま賃貸経営を引き継がなければならなくなると、子供世代は大変です。

現オーナーが亡くなると当人名義の預金口座は凍結され、遺産分割協議が終わるまでは親族でも預金が引き出せなくなります。凍結が解除されるまで、突発的な修繕や原状回復工事など、必要な費用は子供世代が立て替えなければなりません。また、入居者からの賃料の受け取りもできなくなってしまいます。

さらに賃貸経営を引き継ぐにも、所有している物件の入居者の状況がわからなければ対応のしようがありません。とりわけクレームや滞納などのトラブルが出ている場合は、それまでの経緯を知らないと対応に戸惑うことになります。

そもそも、自身の親がどのような物件を所有していて管理はどうしているのか、入居者は誰なのか、管理会社はどこなのか、子供世代は良く知らないというケースもあります。そうなると、どこから手をつけていいのか、途方にくれてしまうでしょう。

元気なうちに「ヒト」「モノ」「カネ」をバトンタッチ

たとえ現オーナーが存命であっても、高齢になって判断能力が低下し、経営判断ができなくなる場合もあります。日本では一度、医師から認知障害と判定されれば契約行為に支障がでるため、後見人制度等による法律上の手続きが必要になります。その場合、様々な制限を受けることになり、賃貸経営にも大きな影響があります。

いざという時に混乱なく引き継ぐためには、日頃から経営引き継ぎを想定して様々な準備をしておくことが重要です。

賃貸事業の継承では、現オーナーから次世代へ「ヒト」「モノ」「カネ」という3大経営資源をバトンタッチすることになります。賃貸経営の場合、ヒトとは税理士や管理会社、工事会社などの人脈、モノは物件とそれについての契約などの情報、カネは経営を継続するための運転資金、ということになるでしょう。

それぞれ現状がどうなっているのか、事業継承を前提としてリスト化し、データの形で残しておくことが望ましいと言えます。

最優先は資金対策

最優先となるのは「カネ」に関わる問題です。

相続に備えるという意味では、賃貸物件関連だけでなく、預貯金から株式、保険、不動産など、現オーナーの資産を一覧表にしておき、必要になったときにはすぐに親族が見られるよう準備しておくのが理想と言えます。

相続時に発生する口座凍結への対策として、遺産分割協議が終わるまでの期間の賃貸経営に必要となる資金を、生前贈与などによってあらかじめ子供名義の口座に移しておくのもよいでしょう。

次に大切なのが「ヒト」のリスト化です。賃貸経営に関わっているパートナー、たとえば管理会社、仲介会社、工事会社、税理士など、経営に協力してくれていた人たちの連絡先をリスト化しておき、賃貸事業を継承する人が何かわからないことがあったとき、すぐに相談できるようにしておきましょう。

経営情報を保管・整理しておく

「モノ」となる賃貸経営の情報については、賃貸契約関係の書類、賃料の入金状況など、事業を継承する人に経営の現状がスムーズに把握できるよう、保管管理しておくことが求められます。

現オーナーが日頃からきちんとした管理会社に物件の管理を委託していれば、管理会社が情報を保管しているはずです。

一方、オーナーが自主管理していた場合、情報がきちんと整理されていないケースが多く見られます。日頃からどこにどのような情報があるか、第三者が見てもひと目

【オーナーまたは管理会社で最低限保管しておきたい書類】

- 竣工図面
- 確認済証
- 検査済証
- 賃貸借契約書類
- 重要事項説明書
- 紛争防止条例に関する説明書
- 最新の賃貸借契約書
- 建物保険証券の写し

でわかるように整理し、万が一にも書類の紛失などがないように心がけましょう。

契約書や保険証書の他、物件の図面類も大切です。図面が保管されていないと、リフォームや大規模修繕の際に改めて調査する必要が出て、大きな手間とコストがかかってしまうからです。

時代は「建物長期活用」です。適切な修繕や改良で建物を長く活用し、引き継ぐ方も、引き継がれる方も安心して、安定した賃貸経営を行っていただきたいと思います。

COLUMN

おさえておきたい！
キャッシュフローと相続税の関係

個人オーナーの場合、人生の中でキャッシュフローに多大な影響を与えるのが相続税です。一般的に資産規模が大きいほど税率が高くなり、相続税の支払いが大きくなります。そのため、納税のタイミングで個人のキャッシュフローの波形は大きく落ち込むことになります。

●相続税対策の仕上げは、納税資金の確保

皆さまの中にも「相続税対策」として賃貸経営を始めたという方が多いのではないでしょうか。確かに所有している土地にアパートを建てれば、評価額減と建物代金の借入により、相続税の節税が可能です。しかし、いくら節税をしても、最終的に現金の持ち合わせがなければ相続税の納付ができず、その相続税対策が十分であったとは言えません。

●相続税納付のための借入は避けよう

納税資金が足りない場合、借入金で賄うこともできますがデメリットがあります。

相続税納付のための借入は、元金はもちろん利息も経費に算入できません。所得税を納めた後の手元に残るお金からの相続税の借入金の返済は大きな負担です。また、返済原資のない相続税の借入は、キャッシュフローの急激な悪化につながります。

ですから、相続税は毎月手元に残るお金から計画的に資金を確保し、現金で準備しておくことが大切です。まずは専門家に相談し、相続税がいくらになるのか、試算してみてください。

相続はいつ発生するかわかりません。キャッシュフローの波形を確認し、余裕がある時期に前もって準備しておきましょう。

あとがき

読了、ありがとうございます。

本書をお読みになって、皆さまはどのように感じられたでしょうか。


私、西島は大学4年生のとき、たまたま友人に誘われて宅建の資格を取り、新卒で入社したリクルートで、不動産情報を扱う部署に配属になりました。

そこで感じるようになった様々な問題、それは、不動産業界の時代遅れの仕事のやり方や、不動産会社の利益を上げることしか考えていない姿勢でした。


この情報化社会の中にあっても不動産業界では、不動産オーナーに対して誤った情報が当たり前のように伝えられていたり、伝え方に問題があったり、情報自体が伝えられていないことが多々あります。

その結果、多くの不動産オーナーが、大事なポイントをきちんと理解できていないまま、重要な判断を迫られています。ご自身の大切な資産なのですから、しっかりと状況を理解し、今後資産を継承していく家族などともよく話し合った上で決断するべきなのに、それができていないのです。

不動産業界、不動産に関連する様々な事柄には、このような悪い慣習や文化、情報の共有不足が他の業界と比べて多い上に、その改善も遅いと私は感じています。

人は住まいやオフィス、店舗など、様々な場面で不動産と関わりがあります。不動産業界がよくならなければ、人々の生活もよくならないでしょう。私は不動産業界に身を置いているからこそ、そうした悪習を自らの手で払拭していきたいと強く感じました。そして「この業界をこれからの時代にあったものに変えたい」と考え、1999年に不動産コンサルティング会社「株式会社　市萬」を起業しました。

私たち市萬は、設立当初から「これまでの不動産会社のイメージを覆す」ことを目指し、それに沿って営業を行ってきました。そして2019年、創立20周年を迎えるにあたり、お客様とのお約束として、「七つのお客様本位宣言（イチナナ宣言）」を掲げました。それは、

一．お客様が必要な情報を、わかりやすく提供します
二．手数料を明確化し、成功報酬制とします
三．お客様の真の課題を見つけ出し、解決します

四．客観的な視点をもち、お客様の最善な利益を追求します
五．不動産に関するあらゆる問題に対応できる体制を整えます
六．お客様本位が優先される企業文化をつくります
七．お客様に信頼・安心していただける企業を目指します

という、私たちのお客様本位の方針や想いを明文化した、七つの宣言です。

私たちはこのような姿勢で、今後もお客様の問題解決に取り組んでいます。またこれからはこの姿勢を私たちだけでなく、業界全体に広めていく活動をしていきたいと考えています。

本書を手に取られ、賃貸経営の選択肢に迷われている賃貸オーナーの皆さま。もしよろしければ、あなたのお悩みについてご相談ください。当社で何かアドバイスができることがあるかもしれません。

令和5年11月吉日

株式会社市萬　代表取締役　西島 昭

不動産コンサルティングを行う
「株式会社市萬」会社概要

with ichiman sustainability.

市萬が掲げる持続可能《サステナブル》な社会とは、笑顔がずっとずっと続くまち。
不動産が抱える多様な問題を解決し、優良化する取り組みを通じて、
オーナー様だけでなく地域の皆様と、世代を超えて安心して暮らせる地域社会を実現します。

企業理念

私たちが関わるすべての不動産を優良資産に。

会社概要

商号	株式会社 市萬
代表者	代表取締役 西島 昭
本店所在地	〒158-0097 東京都世田谷区用賀四丁目10番3号 世田谷ビジネススクエアヒルズⅡ 6階
資本金	3,000万円
設立	1999年9月28日
登録	宅地建物取引業者免許番号 東京都知事(5)第77902号 賃貸住宅管理業者登録番号 国土交通大臣(02)第003414号

所属スタッフの保有資格

宅地建物取引士	15名
不動産コンサルティングマスター	3名
中小企業診断士	1名
賃貸不動産経営管理士	7名
税理士※	1名
弁護士※	1名
一級建築士※	1名
二級建築士	2名
2級ファイナンシャル・プランニング技能士	4名
JSHI公認ホームインスペクター	1名

※印は業務委託のパートナースタッフ

事業内容

1. 賃貸不動産の管理
2. 不動産売買の仲介
3. 借地の整理・権利調整
4. 不動産有効活用
5. 相続対策、資産・事業継承

市萬ホームページ
https://ichiman.co.jp/

著者による
本書解説・補足
YouTubeチャンネル

著者略歴

西島 昭（にしじま　あきら）

株式会社市萬 代表取締役、公認不動産コンサルティングマスター
大学卒業後、株式会社リクルートに入社。

1999年、不動産に関する問題解決に特化したコンサルティングを行う「株式会社市萬」を東京都世田谷区用賀に設立。金融機関と提携し、様々な不動産保有者の問題解決を行っている。

不動産有効活用、貸宅地の権利調整、相続対策、資産・事業の継承、賃貸不動産の運営管理、不動産売買の仲介等など、総合的な不動産コンサルティング事業を展開。

著作として「築20年超えのアパート・マンションを満室にする秘訣」「お金が貯まる不動産活用の秘訣」（ごま書房新社）ほか、累計6作執筆。

●株式会社市萬
https://www.ichiman.co.jp　※セミナー・講師依頼もこちらへ
●YOUTUBE
『市萬の不動産経営アカデミーチャンネル』
https://www.youtube.com/@user-qm1sd6ox8q

"築20年"からの
アパート・マンション経営"成功"の秘訣！
～築古でも"入居率95%超え"を誇るプロの知恵～

著　者	西島 昭
発行者	池田 雅行
発行所	株式会社 ごま書房新社 〒167-0051 東京都杉並区荻窪4-32-3 AKオギクボビル201 TEL 03-6910-0481（代） FAX 03-6910-0482
企画・制作	大熊 賢太郎（夢パブリッシング）
カバーデザイン	堀川 もと恵（@magimo創作所）
DTP	海谷 千加子
編集協力	河西 麻衣
印刷・製本	精文堂印刷株式会社

ISBN978-4-341-08850-7 C0034

建物長期活用を
実現する
“5つ”の改良ポイント

写真で解説！
満室のプロ「市萬」による
劇的改良方法

建物の長期活用に欠かせない「改良」。
変化するライフスタイルや住まいへのニーズに合わせ
「より良く」変えることで物件の価値を上げることができます。
大きなお金をかけるのではなく
ちょっとした工夫やアイデアで実現できます。
そんな改良のポイントと実際の事例をご紹介します。

エントランス

明るく、かつ、利便性を向上

建物の第一印象を決めるエントランス。特に女性は、居室と同じくらい重視します。壊れかけた古いポストや散らばったチラシ、薄暗い照明に枯葉やホコリが目につく物件は、敬遠されてしまいます。一方で、この限られたスペースを整えるだけで、その物件全体のイメージを良くし、グレードアップさせることが可能です。整備による費用対効果が非常に高い場所と言えます。

チラシ投函禁止サイン設置

チラシ等の投函を禁止することを明記。

投函防止プレート使用

空室ポスト用プレートで投函口をふさぎ、不要なチラシを入れられないように。※ガムテープ等NG

不要チラシ専用のごみ箱設置

チラシ等がエントランスに散乱することを防止。定期的にチェックし、あふれないように。

参考商品

品物	メーカー	型番	価格
ポスト8戸分	ナスタ	KS-MB4102 PY-2L-S	150,000円 (材工込み)
チラシ用 ごみ箱	テラモト	DS-251- 410-0	12,000円
投函防止 プレート	ナスタ	KS-MBT02P	3,500円

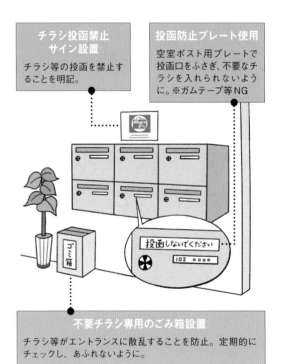

After

Before

コンクリートの壁やポストのデザインが古い印象のエントランス。壁を白く塗装し、集合ポストの交換、壁の塗り替えで明るくおしゃれな空間に生まれ変わった。

After

Before

暗いエントランスは内見時の印象が悪く、賃料が低下。そこで照明計画を見直してイメージアップ。

After

Before

築40年を過ぎ、劣化や汚れが目立つ外観は壁を塗り直し、アプローチには白のコンクリート平板をタイル風に敷いて、明るくモダンな印象にリフレッシュ。

ゴミ置き場

ゴミは見せず、においもシャットアウト

エントランス付近に設置されていることが多いゴミ置き場。内見者が来た時に必ず目にするポイントであり、建物の印象に大きく影響します。単にゴミの置き場所を作っただけでは見栄えが悪く、においや虫の問題が起こりがち。ネットをかけてもカラスなどが散らかすことがあるため、ゴミストッカーの設置がお勧めです。フタつきなら美観も、においも改善できます。

ゴミ出しルールを示したサイン設置

曜日、分別などを明記。

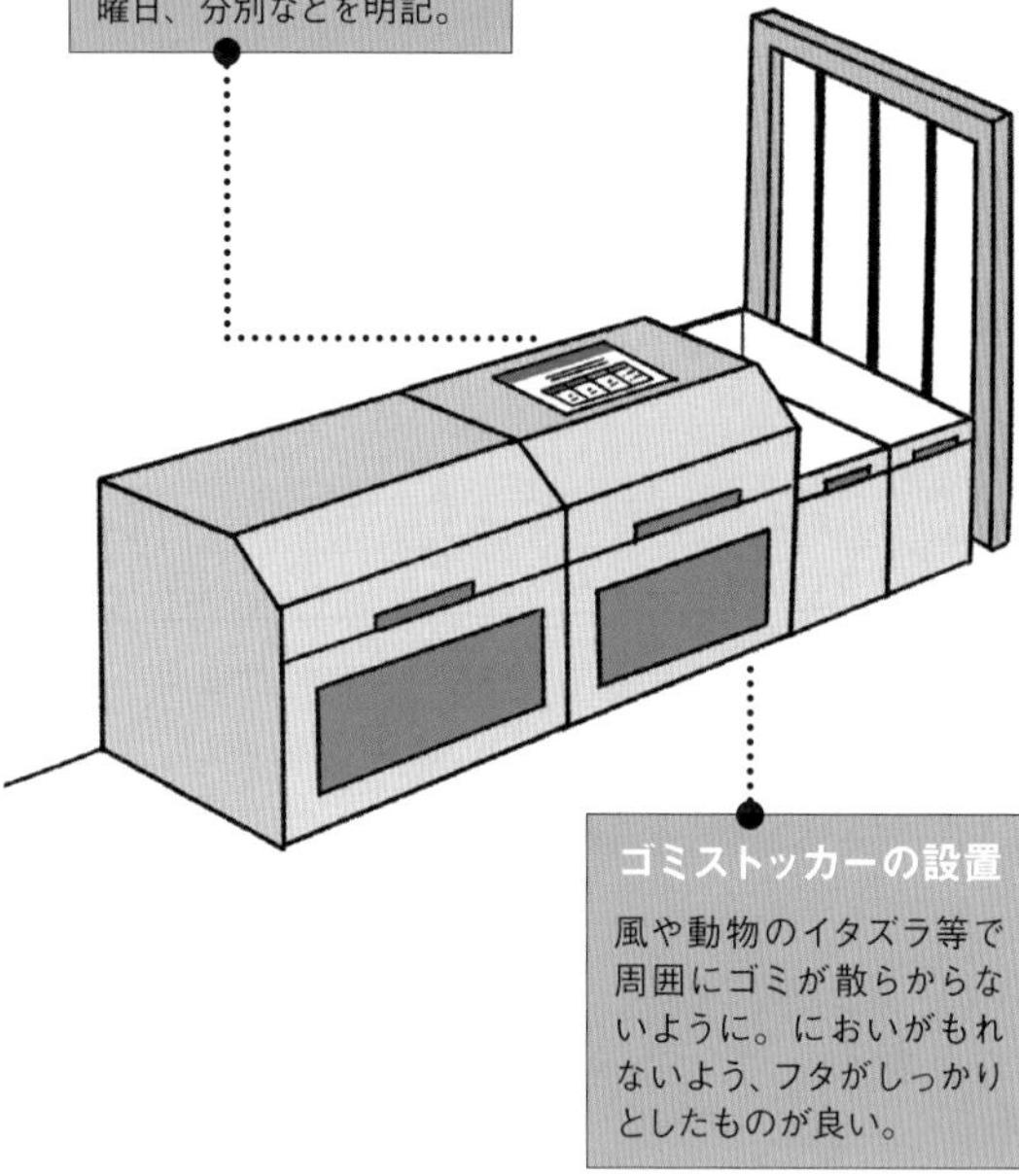

ゴミストッカーの設置

風や動物のイタズラ等で周囲にゴミが散らからないように。においがもれないよう、フタがしっかりとしたものが良い。

参考商品

品物	メーカー	型番	価格
ゴミストッカー（8戸分 単身用300ℓ）	四国化成	GSAP4-0911SC	160,000円（材工込み）
ゴミストッカー（8戸分 ファミリー用575ℓ）	四国化成	GSAP4-1212SC	220,000円（材工込み）

After

Before

不法投棄や、カラスに散らかされることもあった路上のゴミ置き場。フタ付きのゴミストッカーを設置し、入居者専用であることを明記。すっきりと清潔感がアップした。

After

Before

ゴミがあふれたゴミストッカーを大きい容量に交換し、分別用のコンテナを新たに設置。清潔感と使いやすさがアップし、物件の第一印象が一新された。

After

Before

古びたブロック塀の前に直接置かれていたゴミ置き場に植栽を施し、その前にゴミストッカーを設置。清潔で落ち着いた雰囲気に変わった。

駐輪場

スペースを決めて、利便性向上

雑然と置かれた自転車は、それだけで物件のイメージを悪くします。まずは、枠線を引くなど駐輪スペースを明確にし、エントランス前や敷地内の無秩序な駐輪をなくしましょう。一台ごとの区画ラインでさらにスッキリ。可能であれば屋根を付けると入居者に喜ばれ、より管理が行き届いた印象に。また、入居者以外の駐輪や放置自転車予防のため、入居者に駐輪シールを配布し貼ってもらうと良いでしょう。

屋根を設置
雨をしのげ、自転車の汚れも付きにくくなる。

駐輪シール配布
駐輪シールを貼付して利用登録者を明確に。

駐輪場用サイン設置
登録制であること、違法駐輪は撤去の対象となることを明記。

参考価格

	価格
ライン引き（8台分）	45,000円（材工込み）
サイクルポート設置（8台分）	270,000円（材工込み）

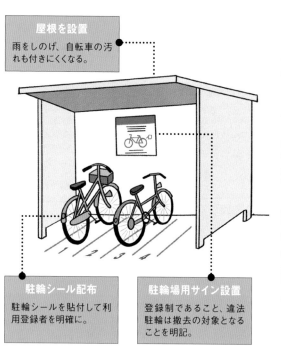

After

Before

広い敷地のいたるところに自転車が停められ散らかった印象の物件。屋根付き駐輪場を新設し、物件全体が整然とした雰囲気に。

After

Before

エントランスにずらりと自転車が置かれ、歩行者の妨げになるうえ乱雑な雰囲気。屋根付き駐輪場を敷地内に設置し、駐輪しやすくスッキリとした印象に。

After

Before

駐輪場所が不明瞭だったため、空いているスペースに無秩序に自転車が。屋根付き駐輪場の設置で入居者の駐輪スペースが明確になり、雨や汚れも防げるように。

外観

カラーデザインでおしゃれな外観に

築年数を経た建物でも、古臭さを払拭し、清潔感のある建物にすることが可能です。例えば、壁と階段、扉をポイントとなる色で塗装する「カラーデザイン」を用いた改良方法があります。チャンスは大規模修繕のタイミング。トレンドに合った色で外壁を塗装すれば、最小のコストで高い効果が得られます。おしゃれなデザインの外観は、競合物件との差別化にもつながります。

明るい色の塗装でリフレッシュ

ベースに明るい色を使うことで、古さを払拭。

ワンポイントのアクセント

トレンドカラーをアクセントに、特徴ある外観で差別化。

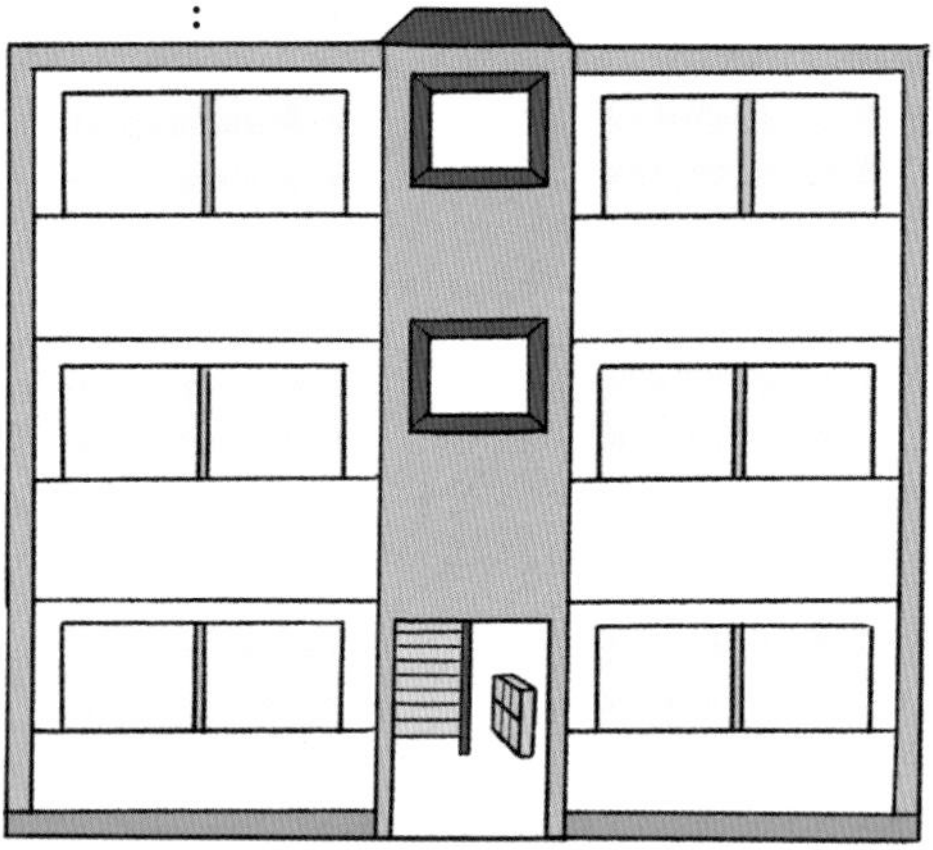

参考価格

	価格
外壁塗装 （㎡単価）	5,500～7,500円 （材工込み）

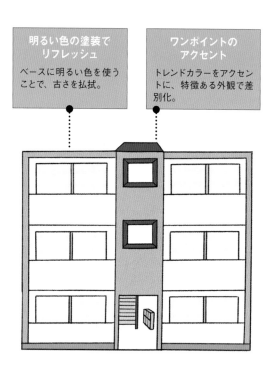

After

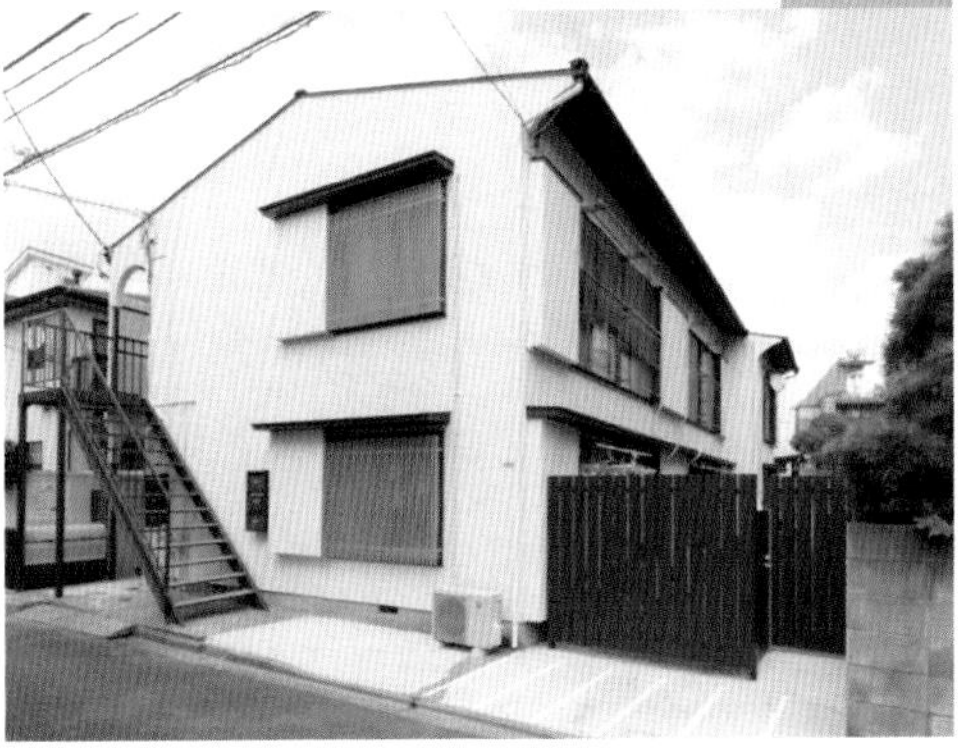

Before

いかにも昭和のアパートといった佇まいを、和の雰囲気を生かしながらおしゃれなレトロモダンに。壁を漆喰風に白く塗装し、木調シートを貼った面格子を設置。

After

Before

特徴がなく競争力のなかった物件を、大規模修繕に合わせて改良。外壁を白に塗装し、玄関ドアや階段にグリーンをアクセントに使った個性的なデザインで差別化した。

After

Before

築年数の経過で入居率が低下していた３棟のマンション。入り口にゲートを設置して敷地内を緑化、建物の塗装や間接照明により街並みに統一感を出し、人気物件に。

専有部

徹底したクリーニングと物件にマッチした現代風のデザイン

原状回復の際、内装デザインを少し工夫するだけで、選ばれる物件へと変わります。ポイントは清潔感と古さの排除。内装は白を基調に色味を統一したり、グレーやダークブルーなど落ち着いた色をアクセントに用いることでトレンド感を演出できます。和室は現代のライフスタイルに合わせ、洋室へ変更。今風の印象と清潔感で、内見の際に好印象を与えることができます。

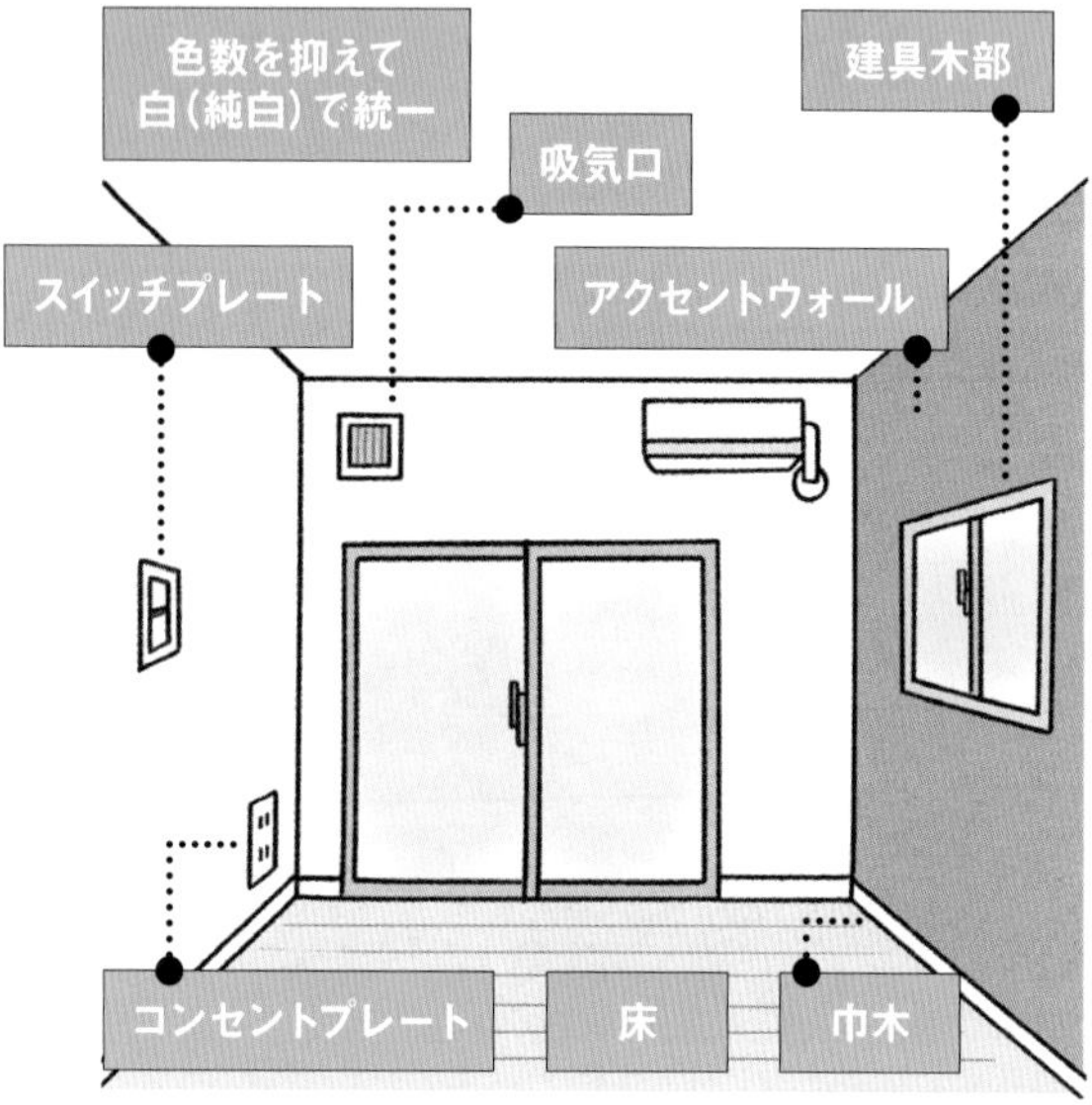

参考商品

品物	メーカー	型番	価格
シャワーセット	サンエイ	PS321B-CTA-MW2	8,000円(材工込み)
ペーパーホルダー	TOTO	YH51R #NW1	2,650円
クロス張替え			1,050円/㎡
巾木張替え			600円/㎡
フロアタイル上張り			5,100円/㎡
木枠塗装		(広さ・量による)	60,000～100,000円程度
スイッチ・コンセントプレート交換		(広さ・量による)	6,000～20,000円程度

After

Before

古さを感じる内装から明るい室内に変更。壁やスイッチプレート、巾木など、白を基調にした清潔感あふれる室内を黒いサッシが引き締める都会的な印象に刷新。

After

Before

2DKから1LDKに間取り変更し、和室を洋室に。レトロな雰囲気や木の色は生かしつつ、紺色をアクセントカラーにした、若い年代に好まれる和モダンデザインに。

After

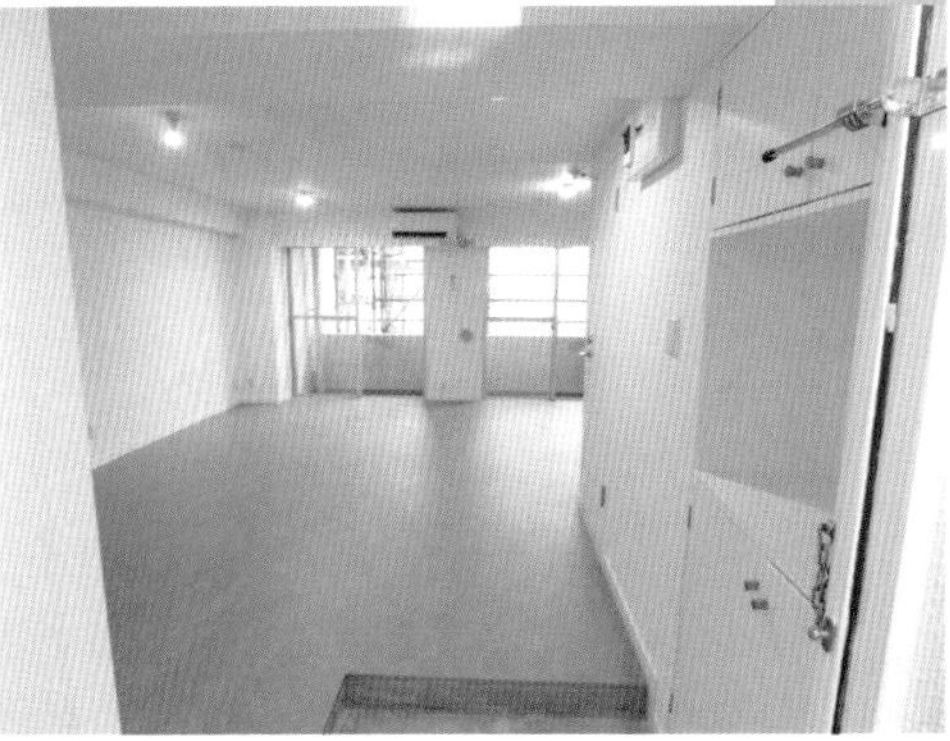

Before

駅前の立地を生かして、居住用2DKをオフィス仕様のワンルームへ。設備交換やグレーの床への変更などを行い、事業用物件として再生。